KÖLN

1850-1920

KÖLN

1850-1920

EINFÜHRUNG UND BILDLEGENDEN
VON MAX LEO SCHWERING

BUCHER

Lektorat: Axel Schenck
Graphische Gestaltung: Hans F. Kammermann

Im Format reduzierte aber unveränderte Sonderausgabe 1999
des Verlagswerks PHOTOGALERIE BUCHER
KÖLN 1850–1920 (Luzern und Frankfurt/M. 1980).

Die in diesem Band reproduzierten Originalphotographien
befinden sich im Besitz des Rheinischen Bildarchivs (Köln),
dem der Verlag für die freundliche Reproduktionserlaubnis
aller 44 Photographien dieser Auswahl dankt.

PHOTOGALERIE BUCHER

Printed and bound in Germany
ISBN 3-7658-1241-2

Der hier zu beschreibende Zeitraum umfaßt nur sieben Dezennien einer fast zweitausendjährigen Stadthistorie. Mit Bedacht wurden eben jene Jahrzehnte von 1850 bis 1920 gewählt, gibt doch die Abgeschlossenheit der gegenläufigen Prozesse – der Widerstreit zwischen Altem und Neuen, Rückwärtsschauen und stürmisches Vorwärtsschreiten, der scheinbar unauflösliche Widerspruch sehr heterogener Strömungen – dies alles und mehr diesen Jahren eigentliches Gewicht und macht sie zur *Epoche*.
Das Vergangene wirft lange Schatten in jenen Zeitabschnitt. Römisches zum Beispiel blieb dabei immer gegenwärtig. Als «ewiger» Grundriß akzentuierte sich in der Stadttopographie die antike Fortifikation. Schon das Mittelalter orientierte die Erweiterungen städtischen Siedlungsraumes daran. Mit alledem wird ebenso die moderne Stadtplanung zu tun haben. Sichtbares Zeugnis auch der Faszination von Kontinuität, wie man ihr in dieser Stadt auf Schritt und Tritt begegnet.
Den Römern folgten dunkle Jahrhunderte, wenngleich das untergegangene Imperium mit der christlichen Heilsbotschaft einen bestimmenden Faktor im künftigen Stadtgeschehen hinterließ. Über den Gräbern früher Märtyrer, Stätten der abendländischen Christenheit, wurden neue Horizonte sichtbar: Das «Heilige Köln», «Rom des Nordens» geheißen, stieg unter dem ausdrücklichen Patronat des Apostelfürsten Petrus zur Bischofsstadt und zum politischen Machtzentrum des Reiches auf. Die Kölner Erzbischöfe als Herzöge von Lothringen und Kanzler in Italien sind Königsmacher, Repräsentanten der Kaiseridee. Sie streckten selbst die Hand nach der Kaiserwürde aus. Und sie waren mächtige Stadtherren.
Doch unüberhörbar dringt anderes an unser Ohr: Es war der Freiheitssinn der Kölner, der auf dem Schlachtfeld zu Worringen 1288 das erzbischöfliche Regiment beendete. Für die «Freie Stadt» des Heiligen Römischen Reiches werden von nun an «senatus populusque coloniensis», «Rat und Volk von Köln», der unbestrittene Souverän. «Verbundbrief» (1396) und «Transfixbrief» (1513) sind lange Zeit Verfassungsurkunden, niedergeschriebene Spielregeln kölnischer Demokratie. Ihr steinernes Zeugnis indes war der die Stadtsilhouette überragende gotische Rathausturm – von 1407 bis 1414 erbaut.
Manifestierte sich bischöfliches Regiment im Stiften wie Errichten sakraler Architektur, so ging es den Bürgern um das Auftürmen fester Tore. Wehrhafte Mauern umschlossen in weitem Halbkreis die Bürgerstadt. Nun galt durch Jahrhunderte die Maxime «Stadtluft macht frei». Unbezwungen blieb Köln bis in die Oktobertage 1794. Freiwillig, im Glauben an hoffnungsvoll Zukünftiges, öffnete sich die Stadt französischen Revolutionstruppen.
Das Patriziat, Handwerker, gründeten 1388 die Kölner Universität als älteste städtische Hochschule Europas. Nicht Landesherren wie andernorts.
Stefan Lochners wunderbar-kostbare Tafel – die Anbetung der Heiligen Drei Könige, Gereon und Ursula als Stadtpalladien vor leuchtendem Goldgrund darstellend, bot ein Exempel, wie sich das Gemeinwesen des späten Mittelalters einschätzte, gleichsam überhöhte. Der Meister selbst war Kölner Ratsherr. Er starb 1451.
Was nicht allzulange danach kam, war Lethargie, Dornröschenschlaf. Die einstige Größe, Handel und Wandel, politisch zielgerichteter Ehrgeiz erstarben, wurden leblos-starr im Muff von Beschränktheit.
Zu Beginn des 19. Jahrhunderts trug Köln gleichermaßen schwer und leicht an der Bürde seiner Vergangenheit. Leicht vor allem als Mekka der Romantiker, die nach des alten Reiches Herrlichkeit suchten und auf die Vollendung des Domes hofften. Eine andere Zauberformel hieß bald «Industrialisierung»; zum Gespenst hingegen wurde die «soziale Frage».
Der Zeitgeist scheidet von nun ab die Geister. Doch bindet er sie auch. Fasziniert betrachtet der Historiker das bisweilen dramatische, manchmal tragische Kräftespiel. Ob es als Ganzes glückhaft gewesen ist, wagt er zu bezweifeln.
«Fortschritt», «Nationalbewußtsein» waren zur vielberufenen, oft beschworenen Fata Morgana jenes Geschichtsabschnittes geworden. Längst ja hatte Köln seinen Frieden mit Preußen gemacht. Gerechterweise muß gesagt werden, daß man gut dabei gefahren war – für den Augenblick wenigstens. Und der dauerte immerhin mehr als hundert Jahre, von 1815 bis 1919.
Proklamiert wurde die Einheit von Thron und Altar – eine Fiktion, Phantasmagorie auch damals schon. Dies waren allgemein gültige Parolen, gang und gäbe. Der Bürger glaubte daran, ihn blendete der Prunk des Großartigen. Allen ging es scheinbar gut. Zu gut vielleicht der tonangebenden, bevorrechteten Schicht. Die Älteren rührte noch ein emotionales Element: Erinnerung an Zurückgelassenes, im letzten eigentlich nicht Bedrückendes. Es blieb lange genug zwingend, mahnend im Vergleich mit der rauhen, allzu vehementen, ziemlich dämonischen Wirklichkeit.
Auch Epigonen machten sich in kleinbürgerlicher, verspießerter Hemdsärmeligkeit breit, verschoben Maßstäbe, Proportionen. Glanzvoll, so hört man, sei diese Zeit gewesen. Doch voller Unstimmigkeiten, auch dekadent. Wie erschreckend vieles nicht stimmte, kam erst hernach ans Licht.
1850 bis 1920: Epoche der Entscheidungen, Epoche auch der verpaßten Gelegenheiten. *In summa* bot Köln an der Wende «von der Reichsstadt zur Großstadt» ein Spiegelbild menschlicher Hoffnungen, Wünsche, Erwartungen und endlich – Träume. Das alles durchweht eine sehr spezifische Mentalität, das Flair einer alten Bürger-, nicht Residenzstadt.

Wichtig scheint mir dann die Bildperspektive, unter der Köln seit den fünfziger Jahren des letzten Jahrhunderts betrachtet wird. Als Dokument der Zeitgeschichte dominiert allmählich die Photographie. Im Unterschied zur Malerei oder zum graphischen Blatt drängt sich im Bewußtsein des Beschauers das Photo als unbestechlich, objektiv auf. Jedenfalls erhebt es Anspruch auf Authentizität, einerlei, was man darunter verstehen mag.
Die Kölner Maler Jakob (1820–1911) und Wilhelm (1853–1922) Scheiner waren noch zu Ende des Jahrhunderts ganz anderer Meinung. Das «nüchterne» Photo benutzten sie als Vorlage für unzählige kölnische Aquarelle, in die sie mit Bleistift und Pinsel «Milieu», Kolorit komponierten. Ob es Angst oder Unheimlichkeit war, die sie dazu trieb? Die unbestimmte Ahnung, daß bald nichts mehr so sein würde, wie es einmal gewesen? In sehr eigentümlicher Manier sind da «Kopisten» am Werk. Sie loten ein Zeitalter aus – auch in der – widerstrebenden – Wiedergabe von lärmenden, raucherfüllten Industrieanlagen, in Arbeitersiedlungen und, als technische Zeichner, von Eisenbahnanlagen.
Indessen, das Senkblei findet keinen rechten Grund mehr. Anno 1920 sah man die Konturen schon deutlicher, schärfer. Zwei Jahre später sind die Scheiner museumsreif, für das Kölner Kunstgewerbemuseum nämlich. Eine Epoche war endgültig vorüber, war nur noch Bild und Erinnerung.
Köln stand 1850 vor seiner «Noblesse op Plüsch», womit Altertümlichkeit, angemaßter Stolz, moderner Protz einer Bürgerschicht charakterisiert sind, die sich im Zwiespalt von Extremen bewegte. In mundartlicher Diktion wurden die Schwierigkeiten der Identifikation offengelegt, das Zeitdilemma kölnisch-menschlich umschrieben.
Für das Jahr 1850 notiert die offizielle Kölner Chronologie als bemerkenswert: «Das Kürassierregiment Graf Geßler (seit 1809) kommt nach Deutz in Garnison.» Und: «Johannes von Geissel wird als erster Kölner Erzbischof Kardinal.»
Preußen und katholische Kirche. Neues und Altes. In der Tat ein Problem, das als «Kölner Ereignis» 1837 die rheinische Welt in Aufruhr brachte und die von Frankreich herüberreichende katholische Erneuerung mobilisierte. Sie ermutigte die Kölner zu ersten Kraftproben mit der neuen Obrigkeit, die weiter wirken sollten. Geissel war Nachfolger jenes unglücklichen Kölner Oberhirten geworden, der fortan als Held gefeiert wurde: Droste zu Vischering, im berühmten «Mischehenstreit» zwischen Kirche und preußischem Staat eine Symbolfigur katholischer Libertät. Noch 1874 und selbst beim Dombaufest 1880 war keine Ruhe eingekehrt. Jetzt ging es um Erzbischof Paulus Melchers, um den «Kulturkampf».
Der Kölner Metropolit als Gefangener im «Klingelpütz», Flucht nach Holland, Verwaltung seines Sprengels von dort. Das sind nur wenige Stichworte, Schlaglichter einer Epoche. Die Kölner Katholische Partei erhob Protest. An ihrer Spitze Peter und August Reichensperger, Friedrich Baudri, Vertreter der Verlegerfamilie Bachem um die «Kölnische Volkszeitung». Von Köln aus trat das «Zentrum», wie sich die politische Gruppierung seit 1871 im Reichstag nannte, in Opposition zu Bismarcks kirchenfeindlichen Kapriolen. Es war fast wie 1848, nur standen die Wortführer jetzt in einem ganz anderen Lager.
Karl Marx zum Beispiel lebte noch, wenn auch verbannt, in London. Dort starb er 1883 in Erwartung der wirklichen Revolution, die dann doch ausblieb. Köln war mehrmals Station seines Lebensweges, 1848 vor allem. Mit Friedrich Engels, dem er die Vermittlung sozialer Wirklichkeiten verdankte, redigierte Marx damals die «Neue Rheinische Zeitung», das erklärte Blatt des Umsturzes. Feierlicher ging es gleichzeitig, als gestrig von der Linken zornig attackiert, bei der Sechshundertjahrfeier zur Grundsteinlegung des Domes her. So hart, unversöhnlich stießen die Dinge aufeinander, aufgeregte Zeitläufe kündigten sich an.
Marx fand gemäßigte Jünger. Solche, die ihn ohne Heißblut zu interpretieren verstanden, zur Korrektur bereit waren. Von August Bebel ist die Rede. Als Sohn eines preußischen Unteroffiziers wurde er 1840 in den Deutzer Kasematten geboren. Kölner Umwelt begleitete ihn seither als soziales Problem. Die Lebenserinnerungen des großen Sozialdemokraten erzählen davon.
Anders, radikaler, kompromißloser und irgendwie rabiat reagierte Moses Heß. Der vergraulte Agitator aus den endvierziger Jahren wurde noch Zeuge des Kaiserreiches. Im Kölner Kolonialwarenladen seines Vaters registrierte er aufmerksam das soziale Geschehen, mischte hämisch in der Kontroverse um den «Verein zum Wohl der arbeitenden Klasse», des «vierten Standes», mit. Die Grabinschrift auf dem jüdischen Friedhof in Köln-Deutz pries ihn als «Vater der deutschen Sozialdemokratie». Auch zionistischen Lockungen lieh Heß sein Ohr, weshalb der Staat Israel 1961 seine Gebeine erbat.
Zeitgenosse jener Weltverbesserer von bisweilen idealistisch-utopischem Zuschnitt war Adolf Kolping. Nicht in der Revolution, dem Tumult suchte er das Heil. Anfangs führte ihn Seelsorge zu den Nöten der Handwerker. Schnell erkannte er dann das ganze Ausmaß ihres leiblichen Elends. Sein katholischer Gesellenverein wurde 1849 ein bedeutender Wurf, fand bald internationale Verbreitung. Der «Gesellenvater» starb 1865. Seine letzte Ruhestätte ist die Kölner Minoritenkirche.
Die damals aufblühende Stadt, wiedererwachter Wohlstand, Prosperität – nichts konnte den Jammer der «unteren Klasse» verdecken. Es gab die Quartiere der «ärm Lück», wie man es milde ausdrückte. Trotz allem blieben den Kölner Arbeitervierteln im ganzen die tristen, lichtlosen Hinterhöfe erspart. Es ging insgesamt menschlicher zu, der karitativen Tradition verpflichtet, wie sie dazumal Klöster praktizierten.

Der für viele Jahrhunderte die Stadt beherrschende Typ des «biederen, ehrbaren» Handwerkers wich allmählich dem Industriearbeiter. Fordernd trat dieser jetzt an die vorderste soziale Front. Denn eine Front mit Gefechten, Siegen, Niederlagen – das war es von nun an.
Einsichtige, kluge Unternehmer erkannten zeitig die sich immer energischer wandelnde Situation, waren aufs Vertragen aus, den Dialog. So die vom Raths, Zuckerindustrielle mit weltweiten Handelskontakten. Auf ihre Initiative entstand eine erste «gemeinnützige» Siedlung. «Arbeiter-Wohnkolonien», so der gängige Name, fand man auch in Mülheim. «Nicht als Werkswohnungen, sondern Häuser, die in den unbeschränkten Besitz der Arbeiter übergehen und diese damit seßhaft machen sollten», schrieben Ehrenfelder Fabrikbesitzer 1899 in ein Statut, das keineswegs Papier blieb.
Da sind die Stollwercks. Wie die Felten (Guilleaume) ursprünglich altes Kölner Handwerkergeschlecht, dem der Sprung in die «Industriezunft» gelang. Schmucke Arbeiterhäuschen im Kölner Süden waren ihr soziales Vermächtnis. Wir haben es dabei mit keinem plötzlichen Einfall zu tun, wahrhaftig auch mit keiner zeitbedingten Marotte. Die Stollwercks dachten sich ganz andere Zugpferde aus. Damit erlangten sie Weltruhm, und hier muß man das Fundament für ihr gesellschaftspolitisches Konzept suchen: «Brustkaramellen», Schokolade, wurden via «Automat» verkauft – ein Wort, das nun in Mode kommt und sich sogleich mit bunten Glanzbildern zum Sammeln verbindet: Nach Originalzeichnungen von Adolf Menzel kam 1900 eine Serie über Preußens Gloria und seine Armee heraus. Durchaus künstlerischer Anspruch stand dahinter. Die Leute vergafften sich darein.
Privat betrieb Franz Stollwerck das «Vaudeville-Theater» auf der Schildergasse. Immer nach neuen Werbegags unterwegs, suchte und fand er hier sein Publikum, das zu den «höheren» und «mittleren» Schichten gehörte.
In der sich neu formierenden Gesellschaftsordnung verlangte die «Frauenfrage» Antwort auf drängende Sorgen. Gewecktes Emanzipationsbedürfnis hatte in Mathilde von Mevissen eine ernst zu nehmende Streiterin. 1848 in Köln geboren, rief sie 1895 den «Kölner Frauenfortbildungsverein» ins Leben. Im folgenden Jahr wurde auf der Severinsmühlengasse eine «Koch- und Haushaltschule» für den «kleinen Bürgerstand» – so die vorsichtige Formulierung – eingerichtet. Ihr folgte 1899 die «Sonntagsschule für Arbeiterkinder». Köln bekam 1903 das erste Mädchengymnasium in Preußen.
Derlei Bemühungen hielt die Arbeiterschaft nicht von Selbsthilfeaktionen ab. Darum geht es im letzten Drittel des 19. Jahrhunderts: Nicht Almosenempfänger wollte man sein. Wiederum war Köln entschieden an der Gewerkschaftsbewegung beteiligt, eine «Kölner Richtung» beweist es. Ungeschminkt, rigoros brachte sie in ihren Programmen vor, was zu sagen war. Die Arbeiterschaft signalisierte Selbstbewußtsein. Auf einem «Wahlmeeting» kam 1910 im riesigen Rund der Kölner Radrennbahn das Dreiklassenwahlrecht zur Sprache. Es sollte fortan nicht mehr gelten – so der Kongreß. Man war dabei, sich der Zukunft zu versichern.
Die Unternehmer mußten auf Selbstbehauptung aus sein. Dies geschah zuweilen patzig-eigenwillig, entsprach deren Werdegang vor der Jahrhundertwende und den besonderen Kölner Verhältnissen.
Sicherlich gab es unter ihnen solche, von denen man gemeinhin und mit leisem Spott als «Geldadel» sprach. Man munkelte von kläglichen Glücksrittern in den Jahren der «Quadratföß». Wild schoß die Bodenspekulation auf. Aus der mittelalterlichen Geborgenheit trat die Stadt ins Neuland der Industrialisierung. Fabrikanlagen zwängten sich in ehemalige Stifts- und Klosterbauten, die 1803 säkularisiert wurden. Es war die Werdezeit des Arbeiters. Wie er um 1900 dastand, zeigt die Statistik. Felten und Guilleaume zum Beispiel beschäftigte mehr als zweitausend. Im «Stahlwerk» für Eisenbahnen der Gebrüder van der Zypen waren es tausend. Und bei Stollwerck 1907 über eintausendachthundert, die meisten Frauen. Die Liste ließe sich beliebig eindrucksvoll verlängern.
Doch unsere Kennwörter hießen «Glücksritter», «Bodenspekulation». Johann Peter Weyer, Kölner Stadtbaumeister, wäre fast darüber bankrott gegangen. Weit schaute und dachte er in die Zukunft. Neue Straßenzüge, Häuserblocks wurden angelegt. Weyer ließ bereits die mittelalterliche Stadtmauer hinter sich und entwarf Dimensionen einer Stadtplanung, die erstaunen lassen. Seine finanziellen Stützen waren die Kölner Bankhäuser Schaaffausen und Deichmann. Aspekt der neuen Zeit: der «Kapitalmarkt».
So hantierte er lange stark, auch bedenklich, und grub sich tief ins Gedächtnis seiner Mitbürger ein. Eine durchaus farbige Persönlichkeit in der kuriosen Mischung von robust-nüchternem, schlauem Geschäftssinn und feinem Kunstverstand. Im Sammeln, Anhäufen von Gemälden alter Meister offenbarte sich die andere Seite seines schillernden Wesens.
Für pfiffige Architektenköpfe war die Zeit wie geschaffen und bot ungeahnte Möglichkeiten. Auch der Kölner Jakob Ignaz Hittorf ergriff sie genial mit vollen Händen. Allerdings machte es einen beträchtlichen Unterschied, ob, wie bei Weyer, die Gemüsegärten kölnischer Kappesbauern und der Kölner Wallrafplatz oder, für Hittorf, die Place de la Concorde zum Gegenstand des Skizzenbuches wurde. Weyer starb 1864. Hittorf nur drei Jahre danach.
Johann Peter Weyer scheiterte als «Unternehmer». Andere konnten mit mehr Geschick in diesem Metier, in Geldsachen nämlich, angesehen, «vornehm» werden. Zur kaiserlichen Audienz geladen zu sein, galt in

der Kölner Gesellschaft als Gradmesser. Doch immer rangierte der «wirkliche» Adel an erster Stelle. «Hier Majestät, hört der Adel auf», ließ sich die Hofmarschallin lauthals vernehmen. «Und hier, Majestät, beginnt das Geld», konterte Frau Dumont schlagfertig. Geld eben nicht nur: «Herren ihres Geldes» waren die Kölner Wirtschaftskapitäne zumeist. Die Dumont, Mevissen, Merkens, Camphausen und viele andere. Sie regierten das «Ökonomische», wie es damals hieß. Sehr Unterschiedliches wurde darunter verstanden. Etwa «Eisenbahn», «Dampfschiffahrt», «Bank», «Versicherung», «Handel», ein Katalog von zum Teil völlig neuen Begriffen, die Komponenten dazu waren mehr als vielschichtig. Welch schöne Visionen knüpfte noch Ernst Weyden als kölnischer Chronist daran: «Hacken und Schaufeln, die Sprengkörper der Eisenbahnen wühlen die Grundwurzeln aller Nationalitäten nach und nach um. Auf den Eisenbahnschienen werden die Nationalitäten abgeschliffen.» So sein Tenor in den fünfziger Jahren! Kritiklose Zukunftsideologie diktierte derlei Sätze in die Feder. Jedermann war vom Eisenbahnfieber gepackt. Technik und Industrialisierung hielten die Menschheit in Atem, traktierten die Zeitgenossen.

Für Köln schlug die Stunde Null am 17. Oktober 1825. Das in Holland gebaute Dampfschiff «Der Rhein» wurde auf den Namen «Friedrich Wilhelm» umgetauft. Ohne Vivat entdeckte zur selben Zeit Georg Simon Ohm (1789–1854) in einer stillen Gelehrtenstube des Marzellengymnasiums das Gesetz des elektrischen Widerstandes. Zu spätem Ruhm kam damit die Tradition des schon beinahe vergessenen «Optisch-Physikalischen-Kabinetts» der Kölner Jesuiten. Nicht allein Glauben, ebenso Wissen war ihre Devise seit 1552 über mehr als zweihundert Jahre hinweg gewesen. Noch indes trauten die Experten dem «optischen» Telegraphen – 1832 auf der Kölner Pantaleonskirche installiert.

Nur siebzehn Jahre später eroberte die Elektrizität endgültig das Feld und trat einen unaufhörlichen Siegeszug an. Es entstand 1849 die erste Telegraphenlinie Köln–Berlin. Der «Optische» gehörte zum alten Eisen, war nur noch historische Reminiszenz. So rasant konnte die Entwicklung davonjagen! Im wahrsten Wortsinn tat sie das, als 1864 Nikolaus Otto (1832–1891) in der Kölner Servasgasse den Gasmotor probierte. Die Motorisierung nahm ihren Anfang.

Als «Kalendertag» galt auch der 2. August 1839: Die erste Eisenbahn fuhr vom Thürmchenswall nach Müngersdorf. Ihr Ziel würde demnächst Antwerpen sein, wo Kölner Kaufleute bereits zur Zeit der Hanse residierten und Doktor Heinrich Sudermann 1556 Syndikus des Kontors war.

Ganz unsinnig rückten die Eisenbahnleute 1859 Kölns «Centralbahnhof» in unmittelbare Domnähe, wofür der so häufig gerühmte «Botanische Garten» geopfert wurde. Die Reisenden sollten gotische Baukunst, «Romantisches», dem grauen Alltag entrücken. Schlimmes stand der Domregion bevor, als neue Pläne für einen «Hauptbahnhof» entworfen waren. In aufdringlich hervorgekehrter «italienischer Renaissance» (wie bescheiden noch hob sich der Vorgänger als klassizistisches Bauwerk davon ab) legte sich das Ungetüm 1894 vor die Kathedrale. Damals gehörte die Eisenbahn bereits dem Staat. Aus privater Schatulle floß jahrzehntelang Kapital für das riskante Unternehmen der Erschließung neuer Schienenstränge. Gesellschaften schlossen sich zusammen, korrespondierten mit den Banken und Versicherungen. Und wie schon einmal in längst vergangenen mittelalterlichen Tagen wurde Köln «Geldplatz», Zentrum westdeutscher Finanzpolitik.

«Geld» war das meistgesprochene, meistgehörte Wort moderner Magier. Ihr Zauberstab brachte 1859 die erste Eisenbahnbrücke in engmaschigen Stahlgitterträgern über den Rhein zuwege. Noch etwas klotzig zwar und ungefüg. Das Kölner Volk hatte sogleich die Vokabel «Mausefalle» parat. An ihre Stelle trat 1907–1911 die «Hohenzollernbrücke» mit über den Strom sich schwingenden, eleganten Bögen. Trutzig waren die Brückenköpfe und Strompfeiler aufgetürmt: Anmutung an Romanisch-Sakrales, auch Burgenromantik, wie dies schon die Vorgängerin kannte. So wurde Kahlheit der Technik, das Nurfunktionale «historisch» drapiert, versteckt. Zu Pferd in pathetischer Geste trabten an den Portalen beider Rheinseiten die letzten Hohenzollern-Regenten. Bei der Enthüllungsfeier des Denkmals für Kaiser Wilhelm II. (Bildhauer Louis Tuaillon, Berlin) am 30. April 1911 band ein kölscher Grielächer an den Marschallstab ein Köfferchen: Verulkung des «Reisekaisers», die belacht, aber auch verärgert zur Kenntnis genommen wurde und doch allemal Indiz freiheitlichen Bürgersinns blieb.

Aus dem Bild der Rheinfront verschwand noch im Ersten Weltkrieg die von Preußen 1822 angelegte «Schiffbrücke». Die sie ersetzende «Hängebrücke» (1915) war schlank und luftig konstruiert, führte linksrheinisch auf den Heumarkt. Übrigens ganz in die Nähe des schönen «Königsdenkmals», dessen Bildhauer aus Berlin kam und ein Schüler Christian Rauchs gewesen war: Gustav Blaeser. Es sollte sein großartigstes Werk werden, dieser in stolzer Herrscherpose reitende Friedrich Wilhelm III. mit den Feldherren und Staatsmännern der Freiheitskriege als Sockeldekor. Sozusagen in Bronze war Preußen am Rhein verewigt worden.

Wohltuend war dieses Monument, wo doch sonst der Verkehr, die Technik triumphierten und kein Hindernis den «Fortschritt» wehrte. Anders im Jahr 1904, als für die neue «Hauptmarkthalle» ein ganzes idyllisches Altstadtviertel weichen mußte: Da stand sie nun, die «Hauptmarkthalle», und bedrängte eine sich duckende, gemütlich-malerische Nachbarschaft von hausbackener Altertümlichkeit.

Diese Bürgerwelt war darum nicht ohne feines Gespür fürs Geistige, Subtile. Unter den führenden Köpfen

Der Dom von Westen. – Um 1865 (Rhein. Bildarchiv)

Der Dom ist vollendet. Blick von Norden. – 1892 (Rhein. Bildarchiv)

gab es solche von Format, aus der Kaufmannsgilde etwa, wo das Etikett «königlich» im althergebrachten Wortsinn vom Scheitel bis zur Sohle zutraf.
Von Gustav Mevissen und Ludolf Camphausen muß gesprochen werden. Sie scharten erlauchte Musiker, Literaten, bildende Künstler, Museumsdirektoren um sich und hegten wissenschaftliche Ambitionen. Mevissen kam 1815 in Dülken als Sproß eines begüterten Zwirnfabrikanten zur Welt und erlebte fast noch die Jahrhundertwende. Nach dem Besuch der Kölner «Höheren Bürgerschule» folgten Lehrjahre im elterlichen Geschäft, wechselnd mit Auslandreisen durch Westeuropa. Bildung stand dabei hoch im Kurs, als «geistiges Erbe der Väter» altmodisch postuliert. Ab 1841 ist Mevissen ständig in Köln. Die Ämter der Vorsitzenden der Rheinischen Eisenbahngesellschaft und des Handelskammerpräsidenten sind für den erst Neunundzwanzigjährigen Positionen eines steil nach oben weisenden Lebensweges. Gedanklich war dieser von ihm selbst bereits vorgezeichnet als rege Verknüpfung des Bankwesens und der Industrie. Auf Mevissen geht das moderne Kreditbanksystem zurück. Das Kölner Schaaffausensche Geldinstitut diente ihm als Medium. Sein Impuls schuf die Kölner Rückversicherungsgesellschaft – die erste der Welt überhaupt.
Leidenschaftlich nahm Mevissen Anteil an den politischen Auseinandersetzungen und scheute nicht die Konfrontation. Er konnte zum Parteigänger der Arbeiterschaft werden. Von rastlosem Eifer und hoher Verantwortung geprägt war seine Tätigkeit in der Frankfurter Nationalversammlung wie im preußischen Herrenhaus. Hier artikulierte sich der rheinische Liberalismus als «friedliche Reform» und «rechtliche Kontinuität», die wirkenden Leitlinien für kommende, schwierige Jahrzehnte.
Manchmal empfand Mevissen die völlige Aufgabe seiner persönlichen Neigungen als Belastung. Denn diese galten ganz anderen Bereichen, wovon die Öffentlichkeit am Lebensabend des «weisen Patriarchen» erfuhr: Ohne sein Zutun wäre weder die «Gesellschaft für rheinische Geschichtskunde», noch die Kölner Handelshochschule Wirklichkeit geworden, für die er beträchtliche Vermögensanteile zur Verfügung stellte. Beide Institutionen förderten Wissenschaft und Forschung und machten schließlich die Wiederherstellung der Kölner Universität möglich. Dem Kölner Oberbürgermeister Konrad Adenauer gelang die Neugründung am 11. Juni 1919.Ähnlich wie Gustav Mevissen war Ludolf Camphausen (geboren 1803) instrumentiert. In der Kombination von Staatsmann und Industriellem, begabt mit Energie, auch ungewöhnlichem politischen Talent, stieg er zum preußischen Ministerpräsidenten auf. Eine Kaiserwahl des Preußenkönigs war schon früh sein Ziel, wofür er deutlich votierte. Doch mehrten allerlei Händel im öffentlichen Leben die Besinnung auf sich selbst.
Zuerst führte Camphausen eine Ölmühle in Köln. Über den ausgedehnten Getreidehandel – das Überseegeschäft brachte ja ebenso dem Häutegroßhändler Heinrich Richartz Reichtum – rückte er in die Elite Kölner Wirtschaftsmanager auf: Er diente dem Rheinhandel, 1841 der Dampfschleppschiffahrtsgesellschaft. Frappierende Machtkonzentrationen bahnten sich an.Nur zu erklärlich stand Camphausen in der Tradition historischer Gegebenheiten: des Kölner Stapelrechts der Freien Reichsstadt (das 1831 fiel) und des Wagemuts kölnischer Kaufleute, die ihr Handelsnetz weit spannten, nach Venedig so gut wie nach London oder Nowgorod, und die Zuckerplantagen auf den Kanarischen Inseln ihr Eigentum nannten. Im Privatleben widmete sich Camphausen naturwissenschaftlichen Studien. Die ihn bis ins hohe Alter – er starb 1890 – bewegenden astronomischen Passionen gingen weit über das Dilettantische hinaus. Dem Besucher zeigte

Bauleute in luftiger Höhe. (Ullstein Bilderdienst)

Der gewaltige, doch filigran gegliederte Dom von Südosten. – Um 1890 (Rhein. Bildarchiv)

er wohl mit Stolz seine Sternwarte in Rengsdorf bei Godesberg.

Das alles sind Anmerkungen zur verfeinerten bürgerlichen Kultur damals. Der Geldaristokratie gewiß, die aber gepaart war mit Mäzenatentum, Gemeinsinn. «Großbürger» nannte man sie. Und wie es da zuging, beschrieb Ella von Guilleaume, geborene Deichmann, recht farbig in ihren Erinnerungen: Das «Hofhalten» zur Winterszeit in den großen Häusern an der gerade entstandenen Kölner Ringstraße spielte dabei eine Rolle.

«Hofhaltung» also. Und nicht nur in Köln, auch in Godesberg, Unkel, der Rheinlandschaft um Bonn. Da standen die luxuriösen Landhäuser. Und hierher wurde der rheinische Adel komplimentiert. Auch die preußischen Prinzen aus dem Korps der Bonner Borussen kamen herüber und amüsierten sich bei Redouten und Landpartien. Der «Zirkel» blühte, die gepflegte Konversation mit den Geistesleuchten der Zeit. In den Musiksalons fanden sich Schumann, Brahms, Berlioz, Liszt ein.

Immer noch zeugt das Kölner Ratssilber von anspruchsvoller Stadtgesinnung jener Bürgerschicht. Prunkende Tafelaufsätze, gleißende Kandelaber, schweres Besteck lieferten die Werkstätten der Hofgoldschmiede Gabriel Hermeling und Aloys Kreiten. Historisierend nicht nur das künstlerische Drum und Dran. Fialen, Kreuzblumen, Pässe, Tabernakel, Ranken umwuchern die kostspieligen Schaustücke. Thematisch bot das Ratssilber den Glanz der Stadtgeschichte. In monströser Aufdringlichkeit zog «Vater Rhein» die Blicke auf sich, schien Beckers Lied illustrieren zu wollen: «Sie sollen ihn nicht haben...» Der kaiserliche Hof machte da Auflagen: Mit «der gewappneten Heldenfigur aufs blanke Schwert gestützt. Eine zeitgemäße, herrliche Symbolik. Der Rhein als Förderer unserer deutschen Seemacht, mit Köln voran, geschützt von Preußen und Deutschlands Kaiser». So ein zeitgenössisches Zitat.

Die Idee zum «Tresor» für festliche Schmausereien stammte vom Kölner Oberbürgermeister Hermann Bekker. Überaus fleißig, fähig, gewissenhaft im Ausüben der Amtsgeschäfte, hing ihm lange eine Jugendepisode von 1848 an: Sein bekennendes Eintreten für Demokratie und soziale Republik brachte ihn hinter Gefängnismauern. Was folgte, war der berühmt-berüchtigte «Kölner Kommunistenprozeß» mit dem «Nichtschuldig» für den Gerichtsreferendar Becker. Am 5. Juli 1875 auf den Sessel des Oberbürgermeisters gekürt, verblüffte er die Versammlung mit der offenherzigen Einsicht: «Zwischen dem Köln, das ich gekannt habe, und dem gegenwärtigen Köln liegt ein Abschnitt von einem Vierteljahrhundert auch in meinem und unser aller Leben. Wenn andere ihren Stolz darin setzen von einer gefaßten Meinung nicht abzugehen, so glaube ich: Wir müssen unseren Stolz darin finden, vieles zu lernen und vieles zu vergessen.» Das war nicht nur rückblickend gesagt. Es stand brennend die Frage nach dem Köln der Zukunft zur Diskussion. Becker sollte das delikate Projekt der Stadterweiterung und den damit verbundenen schwierigen Ankauf der preußischen Befestigung lösen. Auf allen Seiten regten sich zwiespältige Gefühle. Unverständlich bleibt, wie das Niederreißen des mittelalterlichen Mauerringes um jeden Preis und auch mit Jubel propagiert wurde. Einsamer, belächelter Rufer im Streit um dieses außerordentliche Geschichtsdenkmal war August Reichensperger. Aber die «Fortschrittler» setzten sich durch. Nichts half mehr. Das «Hohe und Herrliche» sollte dem «Gemeinen, Trivialen» Platz machen, wie jemand bissig lamentierte. Wenn überhaupt einiges erhalten, gerettet wurde, war das dem preußischen Staat zu danken, mit dem als Eigentümer langwährend um den finanziellen Wert des Gemäuers unwürdig gepokert wurde.

Die Feier der Domvollendung. Vorfahrt des Kaisers. – 1880 (Rhein. Bildarchiv)

Weihe der neuen Domglocke. – 1924 (Ullstein Bilderdienst)

Der aus Hülchrath stammende Baumeister Julius Stübben siegte im Wettstreit um die «Neustadt», in der sich seit 1881 die «Ringstraße» halbkreisförmig um das alte Köln legte, unterbrochen von Plätzen und Grünanlagen. Boulevard-Charakter sollte sein wie in Wien oder Paris. Man schien nachholen zu wollen, was die Bürgerstadt nie geschafft hatte: den leidlich großzügigen Umgang mit Räumen. Aber eben das war es, was sie innerlich nicht akzeptierte, wogegen sie sich wehrte. Und so blieb die «Ringstraße» auch kein vornehmer Wohnbezirk, sondern wurde umfunktioniert. Grünes wich mehr und mehr, Alltag war bald wieder da, wo er ursprünglich nicht gewünscht wurde, jedenfalls nicht von Stübben und seinen Ratgebern. Es überdauerten die reich gestuckten Hausfassaden mit Erkern, Gesimsen und auch Fachwerk; Paradebauten der Kölner «Gesellschaft» im Rekapitulieren vergangener Stilphasen seit der Gründerzeit. Von der sonst gültigen Regel abweichend entwarf Adolf von Hildebrand 1911 den «Vater-Rhein-Brunnen» am Kaiser-Wilhelm-Ring. Die geniale Leistung eines Bildhauers, der nur sich selbst und klassischer Strenge, Kargheit verpflichtet war.

Schon um 1920 bröckelte der Putz, schlich Verfall sich ein: melancholischer Abschied von einer Epoche. Es war fast wie das Urteil der Weltgeschichte...

Stübben schloß dem «Ring» mit klingenden Namen deutscher Kaisergeschlechter ausgedehnte Wohngebiete an. En breiter Rayongürtel trennte die «Neustadt» von den «Vororten». Denn immer noch forderte das Militär, die Festung Köln, Tribut.

In wahrer Bauwut war dies alles innerhalb von knapp zwanzig Jahren verwirklicht, der «Ring» 1886 schon fertig. Atemberaubend das Tempo auch anderswo, im Ausbau der Rheinstraße, der Hafenanlagen (1898). Jenseits der mittelalterlichen Mauer kannte man die Stadt nach 1900 nicht wieder. Und sie wuchs noch weiter in alle Himmelsrichtungen, nahm zuerst das rechtsrheinische Deutz (1888), früher durch Jahrhunderte ein Zankapfel zwischen Köln und dem Erzstift. Gemeinden, die bereits ganz den Stempel des Industriezeitalters trugen, kamen zu Köln: Ehrenfeld, Kalk, Nippes. Kurz vor Ausbruch des Ersten Weltkrieges verlor die einstige bergische «Freiheit» Mülheim ihre Selbständigkeit. Lange noch war man hier der neuen Herrschaft gram. Der versprochene moderne Brückenbau ließ auf sich warten. Weit mehr noch hatte Konrad Adenauer 1922 im Sinn, als er hoch im Norden der Stadtgrenze nach Worringen griff. Die Einwohnerzahl war mittlerweile auf 657000 gestiegen, Köln zur drittgrößten Stadt des deutschen Reiches geworden.

Die Nachgeborenen sahen Julius Stübben als Technokraten. Unmut erregte sich an seinen Plänen – und das recht bald. Trauern und Klagen indes halfen nicht mehr.

Kräftig pulsierte das Geistig-Künstlerische – Pendant zum Materiell-Greifbaren – in Kölns Entwicklung zur modernen Großstadt. Wir nennen den Malerheros Wilhelm Leibl als Beispiel – auch, weil es nicht ohne Pikanterie ist. Den Sohn des Kölner Domkapellmeisters mochte die Geburtsstadt nicht sonderlich. Bezeichnend, wie man über seine «Wildschützen» herzog. Die Herren der Kunstkommission wollten sie schließlich «nicht einmal geschenkt» haben. Leibl war erbost, zerschnitt das Tableau. Den Kölner Möbelfabrikanten Heinrich Pallenberg porträtierte er. Zu «ehrlich» sei der Konterfei, wie die Auftraggeber glaubten, und dem Zeitgeschmack nicht repräsentativ genug. Mit anderen Bildern von Leibl hängt es jetzt in der Galerie des Wallraf-Richartz-Museums.

Im Musikleben ragt Ferdinand Hiller (1811–1885) heraus, dem Köln sein Konservatorium (1873) verdankt. Ein begeisterter Musikfreund wie Bewunderer des Dirigenten war Viktor Schnitzler. 1921 blickt er erinnernd zurück: «Oratorien und Sinfonien bildeten stets einen Glanzpunkt der Konzerte. Ich entsinne mich, daß sein Psalm ‹Da Israel nach Ägypten zog› bei einem Musikfeste stürmisch da capo verlangt wurde. Überhaupt stand die damalige Zeit unter dem Zeichen der Oratorien, während die Sinfonien, wie überhaupt reine Instrumentalwerke weniger die Gunst des Publikums errangen. Hiller war am Klavier das Idealste, was man sich denken konnte. Wie er mit seinen kleinen, dicken Händen Mozart spielte, etwas ähnliches habe ich wohl nie wieder gehört. Geradezu hinreißend war er aber in der Unterhaltung... Alles in allem verdanken wir Hiller viel, in erster Linie, daß er den Grundstein legte zu der Musikstadt...»
Es mag den gerühmten Mann des Taktstockes merkwürdig berührt haben, als er sterbenskrank vernahm, mit welchem Jubel sein Nachfolger Franz Wüllner (1832–1902) beim Debut gefeiert wurde. So schnell wird vergessen!
Da lauschten die Kölner hingebungsvoll Beethovens C-moll-Sinfonie und – ganz neue, bislang nicht vernommene Töne – es erklang das «Meistersinger»-Vorspiel. Auftakt für den jahrzehntelangen Wagner-Rummel, der fanatische, geradezu tolle Ausmaße annahm. Wagner-Festspiele mit Aufführungen von Weltrang wurden in Köln förmlich zelebriert. Anfangs die «Meistersinger», gleich zweimal auf dem Programm. Es folgten «Tristan», «Lohengrin», der «Holländer», «Parsifal». Wagners Büste nach Max Klinger zierte die aufwendigen Festbücher. Dem Schauspieler Ferdinand Götz verehrte die Kölner Damenwelt einen Lohengrin-Harnisch. Leo Blech, Fritz Steinbach dirigierten die Orchester. Eine Kapellmeisterriege von außergewöhnlicher Begabung fand seitdem in Köln eine Wirkungsstätte. Otto Klemperer stand von 1917 bis weit in die Nachkriegszeit, 1924, am Pult.
Den architektonischen Rahmen dazu lieferte 1902 der Baumeister Karl Moritz. Er empfahl sich den Stadtvätern als Schinkel-Preisträger. Sie beriefen ihn 1896. Stübben war in der Endphase seiner schroff umstrittenen Tätigkeiten, zu denen der Rudolphplatz, der Standort von Moritz' Oper, gehörte. Moritz machte Konzessionen an die Kölner Theater-Passion, die Carl Niessen definierte: «Es läßt sich nicht verkennen, daß der Rheinländer durch die Sonderart seiner Genußfreudigkeit den reich sinnlichen Wirkungen der Künste am meisten zugetan ist bzw. sein muß: seien es leuchtende, prunkende Farben, melodisch-weiche Klänge ... Gedankliche Probleme, weltanschauliche Auseinandersetzungen sieht er nicht gerne durch die Kunst angeregt. Verglichen mit dem norddeutschen Kunstgenießen ist der Wille zur Kraft des Ausdrucksringens erweicht durch die Freude an glänzender Oberfläche.» Der bedeutende Kölner Theaterwissenschaftler kannte seine Pappenheimer. Und in diesem Sinn wirkte Moritz: Gold und Plüsch, pathetisch Gemaltes – so das Opernhaus innen; Rustika-Architektur, Türme, Arkaden – «Stilkarneval» in der Zurschaustellung von Monumentalität draußen. Und dennoch etwas, dem wir nachtrauern, weil es die Zeitmentalität traf, Weltflair um die Jahrhundertwende vermittelte, auch das Gefühl anrührte.
Das Sprechtheater auf der Glockengasse brillierte um jene Jahrzehnte mit Hebbel, Hauptmann, durchaus kritisch «Fortschrittlichem» demnach, doch Massenzulauf blieb ihm verwehrt.
Max Martersteig residierte hier wie dort in der Stellung eines Direktors der Vereinigten Stadttheater. Auf der Klaviatur des Originellen, an Einfallsreichtum, im Wagnis des Experimentes war der Mann nicht zu übertreffen. Unumstritten war damals seine Bravour in der Kölner Theaterlandschaft.
Unten, auf dem Rudolphplatz, am Habsburgerring flanierte zu später Stunde das elegante Premierenpublikum. Droschken fuhren vor. Die Damen in Schleppkleidern, im Putz von Posamenten, Fransen. Pailletten glitzerten auf Seide, Samt und Taft im matten elektrischen Licht wuchtiger, mehrarmiger Laternen. Die Herren im Frack, bald auch im Smoking, im Cutaway als Extravaganzen der Herrenmode, wie im «Journal» vorgeschrieben. Und Duft von schwerem Parfum lag in der Luft.
Wieder ganz anders, rebellisch beinahe, die Kölner «Sonderbund-Ausstellung» 1912. Sie begeisterte, entzweite, verschreckte die harmlosen Gemüter.
«Sonderbund» – das waren die Progressiven, aus gewohnten Bahnen ausbrechenden Maler, anfangs nur rheinischer Provenienz, und deren Förderer. In der Tat kam da manches in Bewegung. «Die Ausstellung ist gestern mit kommandierenden Generälen und Oberbürgermeistern aus der Taufe gehoben worden. Picasso, Picasso, Picasso», ereiferte sich Macke an Marc. Ob die Honoratioren das Ganze nicht als despektierlich empfanden, als Unfug auch, dem das Recht auf Narrenfreiheit bedingt zugestanden wurde? Wir hören solche Stimmen. Sie werden später lauter, aggressiver und tönen von «entarteter Kunst». Aber dies ist ein anderes, düstereres Kapitel.
Die Kölner «Sonderbund-Ausstellung» jedenfalls war ein epochales Ereignis, ein Paukenschlag: Matisse, Picasso, Vlaminck. Auch Mondrian, die Malerkreise «Brücke» und «Blauer Reiter» traten vor eine breitere Öffentlichkeit. Ratlosigkeit bemächtigte sich vielfach der Besucher. Manch einer fühlte wohl, daß sich drohend Neues bekanntmachte, daß die Epoche, in der man so häuslich geworden war, unbequem hinterfragt wurde. «Alle gärenden, revolutionären Elemente an sich zu ziehen», meinte Schmidt-Rottluff im Gespräch mit Malerfreunden, sei der Zweck ihrer Vereinigung. Und: «Gott mag uns bewahren, wir gehen schweren Zeiten entgegen», stöhnte Edvard Munch. Das konnte viel und alles sein. August Macke fiel in den ersten

Wochen des großen Krieges, am 16. September 1914, Fanz Marc vor Verdun 1916. Zwei Jahrzehnte danach entschleierte Picasso das Entsetzen total: Er malte in «Guernica» die Vision der Hölle.
Kaum mehr Fröhliches, Glattes, Erbauendes hatte die Malerkunst zu sagen.Da gab es frühe Sammler mit feinem Gespür für zukünftige Werte. Alfred Tietz war einer von ihnen. Dem Avantgardistischen aufgeschlossen und der Zeit immer einen Schritt voraus. Übrigens nicht nur mit seiner Sammelleidenschaft. Die Geschäftsgebaren des «Tietze Leienad», so der Mann von der Straße, hatte das Warenhaus «alles unter einem Dach» im Sinn. Diesen Typus entwickelte Tietz zuerst in Köln. Sein Erfolgsrezept: Billiger Großeinkauf bei Lieferanten und Herstellern. Clou wurde im Vorkriegs-Köln Tietzens Glaspassage «de Passasch» zwischen Hohestraße und St. Agatha, eröffnet am 6. November 1902. Damit zog eigentlich der Jugendstil in Köln ein, als künstlerisches «Gebrauchsstück» sozusagen.
Als zur Jahrhundertwende Museumsdirektor Otto von Falke sein neues Kunstgewerbemuseum am Hansaring einrichtete, war Jugendstil schon im Sinn einer neuen künstlerischen Offenbarung gefragt. Möbelfabrikant Jakob Pallenberg – wir hörten schon, daß die Familie mit Leibl zu tun hatte –, in alter kölnischer Schreinertradition verwurzelt, schenkte dem Kunsttempel einen der repräsentativen Säle. Den Jugendstil betrachteten die Zeitgenossen hier noch wie ein Weltwunder. Und er war es ebenso auf der Pariser Weltausstellung anno 1900.
Wie Pallenberg engagierte sich großzügig der Mülheimer Industrielle Andreae für das Kunstgewerbemuseum. Er bezahlte den Bau, wie seinerzeit Heinrich Richartz dem Schatzhaus altkölnischer Malerei – das Wallraf-Richartz-Museum wurde in den Jahren 1855 bis 1861 erbaut – den immensen Betrag von 200 000 Talern stiftete.
Franz Marc ist als Besucher der Exotica des Rautenstrauch-Joest-Museums überliefert: eine wahrhaft einzigartige Sammlung in der damaligen europäischen Museumslandschaft überhaupt.
Ein Name, unvergessen im Köln vor 1914, machte entschieden mehr von sich reden: Alexander Schnütgen – Domkapitular und Kunstsammler mit Raffinesse.
Sein mächtiger Körper, ein Hüne fast von Gestalt, erweckt Ehrfurcht heute noch. Westfälisches wie Rheinländisches gleichermaßen waren in Charakter und Gemüt in ihm angelegt. Unter den Kunsthändlern und jenen, die in Sachen Kunst etwas zu verkaufen hatten, wurde Schnütgen gefürchtet, seiner Schliche wegen, mit denen er zu Werke ging. Die Selbstbiographie amüsiert sich darüber und ulkige Einfälle gab's in der Tat genug.
In den Versteigerungskatalogen der Firma Lempertz sind mit einer gewissen Achtung die Namen bekannter Kölner Familien verzeichnet, die im Kunsthaus einen Vertrauten besaßen. So etwas gibt's nicht mehr, ist längst-verklungene Kölner Welt. Schnütgen fand darin Lust wie Anregung, brachte hier seine Kollektion «Liturgische Kunst» zusammen. Sie durfte sich in Fachkreisen als etwas von hohem Wert, von Geschmack und Verstand sehen lassen. Als der so gebildete und auf seine Art recht daseinsfreudige Mann 1918 aus dem Leben schied, kam sie in den Besitz der Stadt Köln.
Schnütgen galt wohl auch als Vertreter der Gelehrtenwelt. Es hat damals mehrere von Rang gegeben: den Theologen Mathias Scheben etwa, Professor für Dogmatik am Kölner Priesterseminar. Aus dem Theologenstand kam ebenso Carl Wilhelm Jatho, als «Fall Jatho» lebt er fort. Der religiöse Freigeist stiftete Verwirrung, fand aber auch Zustimmung. Man konnte, sollte sich an ihm reiben, das Messer wetzen. Und nicht nur Köln hatte ein Gesprächsthema von gewisser Brisanz: Jatho der Eiferer, liberale Bekenner «evangelischer Freiheit». Die Dogmen der Kirche zumal waren ihm Ärgernis. Seine Predigten genossen weithin Ruf bei wachsender Gemeinde. Bis dann 1911 die Amtsenthebung kam. Der Vorfall schien unerhört, der Kirchenbegriff von damals war ins Wanken geraten. Wir haben uns inzwischen an derlei gewöhnt. Seiner Zeit aber galt Jatho als Prophet.
Und prophetisch war auch das, was die Kölner Judenschaft beschäftigte. Ungelöst blieb im Grunde genommen alles, was sie betraf. Es gab einen national motivierten Antisemitismus und latent, drohend, im Untergrund wühlend auch Schlimmeres. Vor dieser Kulisse kam der Zionismus in Gang. Für Max Isidor Bodenheimer war dies seit 1890, mit der Übersiedlung nach Köln, des Nachdenkens wert. Die Wiege des jüdischen Staates stand *auch* in Köln. Dort, wo es die älteste Judengemeinde Deutschlands gab, wo zweitausend Jahre jüdischer Geschichte und Kultur gegenwärtig geblieben waren.
Bodenheimer spann zukunftsträchtige Fäden. Die «Kölner Thesen» der national-jüdischen Vereinigung sprachen von «Kolonisation in Syrien und Palästina». In der Kölner Stadtbibliothek «verschlang» Bodenheimer Moses Heß' Schrift «Rom und Jerusalem – die letzte Nationalitätsfrage», eine erregende Lektüre allemal. Man sah «die endgültige Lösung der Judenfrage nur in der Bildung eines jüdischen Staates». Wie selbstverständlich uns das heute anmutet. Aber zu jener Zeit, um die Jahrhundertwende? Die Kölner Gesellschaft, das Volk nahm von alledem sowieso nur am Rand Notiz. Warum auch sollten die Juden, mit denen man in Köln auf gutem Fuß stand, auswandern?
Keine gelehrten Gottesmänner und auch nicht solche, die vorausdachten, waren Geheimrat Josef Hansen und Doktor Hermann Keussen. Gebeugt über Akten und Urkunden, vergilbten Papieren nachsinnend, publizierten sie wie ihre Mitarbeiter in der «Gesellschaft für rheinische Geschichtskunde» stattliche, für den

Historiker von heute unentbehrliche Buchreihen und vergaßen darüber fast die Gegenwart.
Hansen sah in der wilhelminischen Ära, dem Kaiserreich, seine geistige, politische Heimat. Weimar galt nur als Übergang, man hatte keinen Anteil daran. Tragisch mutet das Ende des großen Forschers an. Er wurde Opfer des Fliegerangriffes auf Köln in der Peter-und-Paul-Nacht 1943. Eine Welt war auch für ihn längst zusammengebrochen, das Bismarck-Erbe, dem er huldigte, vertan. Viele setzten, wie er, auf die falsche Karte.
Hermann Keussen erarbeitete die vortreffliche Topographie der mittelalterlichen Stadt, zusammengestellt aus den Schreinsurkunden, den Grundbüchern unserer Vorfahren. Dieses Nachschlagewerk, dickleibig, zuverlässig für jeden Geschichtsfreund, war nicht das einzige aus seiner immer fließenden Feder. Die Universitätsgeschichte mit der vorzüglichsten deutschen Matrikelausgabe hat er verfaßt – das gute Gewissen der rheinisch-kölnischen Geschichtswissenschaft. Am Stehpult haben ihn ganze Historikergenerationen erlebt. Da stand er, unerbittlich genau die Fakten sezierend, mit feinen Händen knisternde Pergamente beiseitelegend. Im Betrachten dieses Gelehrten drängt sich die Erinnerung an Leonhard Ennen, auch an seinen Zeitgefährten Gottfried Eckertz auf, die schon während der sechziger Jahre des 19. Jahrhunderts das unerhörte Wagnis unternahmen, die Geschichte Kölns im vielbändigen Werk lesbar darzustellen. Keussens Leben reichte ebenfalls noch in die Unheiljahre der Nazi-Herrschaft.
Unsere «Kölner Epoche» zwischen 1850 und 1920 – nacheinander amtierten die Oberbürgermeister Hermann Becker, Wilhelm Becker, Max Wallraf und zuletzt (seit 1917) Konrad Adenauer – fand ihren alles überstrahlenden Höhepunkt im Dombaufest 1880.
Heine höhnte Jahre zuvor noch orakelnd:

Ihr armen Schelme vom Dombauverein,
ihr wollt mit schwachen Händen,
fortsetzen das unterbrochene Werk
und die alte Zwingburg vollenden!

O törichter Wahn! Vergebens wird
geschüttelt der Klingelbeutel.
Gebettelt bei Ketzern und Juden sogar;
ist alles fruchtlos und eitel.

Er wird nicht vollendet, trotz allem Geschrei
der Raben und der Eulen,
die, altertümlich gesinnt so gern,
in hohen Kirchtürmen weilen.

Oder ein andermal:

Der Dom zu Köllen wird vollendet,
den Hohenzollern verdanken wir das,
Habsburg hat auch dazu gespendet,
ein Wittelsbach schenkt Fensterglas.

Der Kölner «Zentral-Dombauverein» hatte seine erste Generalversammlung am 14. Februar 1842, im Gürzenich, der «Herren Tanz- und Festhaus» seit 1447. Als Geschenk des «Berliner Verein für den Kölner Dom» traf Luthers Ehering im Dezember ein. Nichts machte deutlicher, wie populär – selbst über konfessionelle Schranken hinweg – die Dombaubewegung geworden war, für den «kleinen Mann» ebenso wie für «höchste Herrschaften». Ludwig I. von Bayern gab Glasfenster, die Rheinische Eisenbahngesellschaft verewigte sich auf ebensolche Weise im südlichen Querhaus. Die Kölner Frauenvereine stickten Bodenteppiche nach Entwürfen von J.J. Ramboux. Überhaupt flossen dem Dom aus sehr unterschiedlichen Quellen Hilfen zu. Die Begeisterung währte – im Lauf der Jahrzehnte allerdings mäßiger – fort. Den hochgesteckten Freudentaumel dämpften mitunter politische Querelen und auch von sehr egoistischen, privaten Geschäften wird berichtet. Eitelkeiten waren an der Tagesordnung oder Kleinlich-Menschliches, wie so oft.
Als Friedrich Wilhelm IV. von Preußen am 4. September 1842 den Grundstein zum Weiterbau legte, war dies kein Ereignis *ad hoc*, keine Entscheidung aus dem Stand gewesen. Dreißig Jahre zuvor beschäftigte Sulpiz Boissereé die Sache – einen damals noch jungen Mann von außerordentlicher geistiger Lebendigkeit. Im Grunde seines Herzens mehr Kosmopolit, Weltbürger, der die Enge seiner Heimatstadt floh, zeitlebens voller Unrast war. Görres und andere sind ihm in der Dombaubewegung Weggefährten gewesen.
Boissereé drängte, forderte, inventarisierte, füllte seine Mappen allmählich mit Skizzen, Aufmessungen vom Torso des Domes. Seit 1821 publizierte er sein großformatiges Domwerk und gewann vor allem Goethe als

Fürsprecher des gewagten Unternehmens: Die Kathedrale sollte vollendet werden! Der Zeitgeist wurde aktiviert, romantische Rückbesinnung tat das Ihrige. Und wieder spielte das Nationalbewußtsein mit hinein, der Reichsgedanke.
Schon dem betagten Metternich war nicht geheuer, beschlich Furcht vor dem Mythos, als Friedrich Wilhelm bei der Grundsteinlegung emphatisch ausrief: «Das große Werk verkünde den späteren Geschlechtern von einem durch die Einigkeit seiner Fürsten und Völker großen mächtigen, ja den Frieden der Welt unblutig erzwingenden Deutschland.» Bunte, schillernde, auch schrille Äußerlichkeiten – damit umgab sich der König gern und fand willige Claqueure.
Die mittelalterliche Stadt empfand den Dom als «Himmlisches Jerusalem». Das 19. Jahrhundert machte aus ihm ein Nationaldenkmal, ein «Mahnmal» deutscher Einigkeit, deutscher Größe!
Schnell sind die Namen, Fakten, Daten in der knapp vierzig Jahre dauernden Spanne bis zur Vollendung hergesagt. Unter den Namen steht Dombaumeister Ernst Zwirner, ein Schlesier, an erster Stelle. 1852 fügte der König den Schlußstein über dem vorderen Bogen am Hauptportal der Westfassade ein. 1855 ist das Südportal fertig. Um den Dachreiter gab es verschiedentlich Reibereien, übrigens seit langem und von Beginn des Weiterbaues an, wie die Zeichnungen Boissereés zeigen. Bis er dann 1860 «in Eisen mit Bleiumkleidung» die Vierung krönte, «immer noch zu schwer und zu groß», wie man später meinte. Zwischen Chor und Langhaus wird 1863 die «böse» Trennwand beseitigt, von der Karl Simrock dichtete. Nun war der ganze Innenraum des Domes überschaubar. Zwirner erlebte das «Wunder» nicht mehr. Er starb 1861. Köln bewahrte ihm auf dem Friedhof Melaten mit der fast monumental wirkenden Grabplatte und dem von Christian Mohr gestalteten Porträtmedaillon ein ehrendes Gedenken.
In der kunsthistorischen Einschätzung haben die am Dom wirkenden Architekten, die Bildhauer und Maler im Nachhinein Kritik erfahren. Als «Amateurgotik» diffamierte die Forschung lange ihre Arbeiten, wenn überhaupt «Neugotik» des Überdenkens für wert befunden wurde. Inzwischen ist Gras darüber gewachsen. Niemand mehr wird den Konservatoren Johann Ramboux, Christian Mohr, Peter Fuchs, Eduard von Steinle die sehr eigenständige gediegene Kunstauffassung absprechen wollen. Die Neugotik war eben doch besser als nur bloße Kopie, ihre Handschrift war durchaus schöpferisch, keine «Industrie».
Der Magdeburger Richard Voigtel folgte Zwirner. Dem Stadtprospekt entschwand 1868 für immer der den Bürgern so vertraute, ja liebgewordene Domkran – einem Fixpunkt gleich im Bild der Rheinfront, seitdem es die Kölner Malerei, die Druckgrafik gab.
Beim Aufbau der Westfassade kamen Voigtel die wahrscheinlich aus dem 14. Jahrhundert stammenden Original-Aufrisse zustatten. Baudirektor Moller entdeckte einen davon 1814 in Darmstadt: auf dem Speicher des Gasthofes «Zur Traube». Das Ereignis wirkte wie der Fingerzeig der Vorsehung und wurde bekräftigt durch den zweiten glücklichen Zufall: In der Pariser Nationalbibliothek kamen ergänzende Teile des in Darmstadt Gefundenen zum Vorschein.
Die Idee vom Nationaldenkmal wurde 1875 unüberhörbar. Aus erbeuteten französichen Geschützen des 1870/71er Krieges war die «Kaiserglocke» gegossen worden. Auf der ganzen Welt gab es keine mächtigere. Das patriotische Prachtstück mit dem martialischen Beigeschmack wanderte 1918 in den Schmelztiegel. Deutschland stand an der Westfront vor der letzten – wie die Generalstäbler immer wieder beteuerten, der entscheidenden – Offensive. Brachte sie endlich die Wende zum «Siegfrieden»? Es blieben Gaukeleien, unehrliche Reden. Längst war der Krieg verloren.
In der Hochstimmung der Domvollendungsfeier schrieb Wilhelm Schneider-Clauss sein «Alaaf Kölle» – «En Schelderei us großer Zick», wie das mundartliche Opus im Untertitel verhieß. Ja, auch Köln hatte es herrlich weit gebracht und der «Historische Festzug» vom 16. Oktober 1880 war eine profunde Lektion dazu.
Das Kaiserreich stand im Zenit. Gottlob wurde der abenteuerliche Vorschlag einer auf den Dom zulaufenden «Kaiserstraße» nicht verwirklicht. Schon schlimm genug, daß Brücke und Eisenbahn den Domchor ins Visier nahmen, das fatale Projekt seiner Freilegung begonnen wurde. Es sind das alles grobe städtebauliche Fehler gewesen. Niemand konnte im Endeffekt damit glücklich sein. Wiedergutzumachen waren sie nicht. Alledem haftete ein Prozeß von Entpersönlichung an, wie er mit diesem Jahrhundert begann, und den schon Jakob Burckhardt ängstlich erkannte.
Festspiele, Paraden, Kaiserbesuche und Kaiserwetter, Graf Zeppelin kreiste mit seinem Luftschiff 1909 über Köln, der Eucharistische Weltkongreß fand statt.
Aus dem «Offiziellen» flüchtete der Kölner nur allzugerne in seine Welt, die der sprichwörtlichen «Genöglichkeit». Wenngleich es auch hier um «Öffentlichkeit», aber eben einer sehr spezifisch kölnischen, gehen konnte.
Da war zum Beispiel der Karneval und die Gattung seiner Präsidenten. Fritz Hönig etwa, dessen «Wörterbuch der kölnischen Mundart» 1905 erschien. Der so Gefeierte lag da schon unter der Erde. Zeitlebens nicht nur Sprachforscher, Heimatdichter, mit gar nicht peinlich wirkenden lokalpatriotischen Attitüden des «Köln über alles». Hönig war auch Präsident der Zivil-Kasinogesellschaft, Vorstandsmitglied im Dombauverein, Vorsitzender der «Cäcilia Wolkenburg», aktiver Sänger im berühmtesten deutschen Männer-

chor, dem «Kölner Männer-Gesang-Verein», der die «Kaiserkette» erstritt. Rundum ein Mann der Geselligkeit, des freundlichen Lebensstils, wovon im Karneval einiges kulminierte. Mancherlei Erfindung ging auf ihn zurück. Das allerdings hatte mit seinem Beruf zu tun, dem Herstellen von Lösch- und Rettungsapparaten. Man lebte nicht von der zeitbedingten Fröhlichkeit, dem Karneval. Hönig galt noch als dessen «bürgerlicher» Vertreter, wie Heinrich Maria Hoster, der köstlich-behäbige «Antun Meis». Aus der «Bütt» las er den Zeitgenossen die Leviten, prangerte deren Prahlsucht und Aufgeblasenheit an. Mit leiser Wehmut schien er bisweilen zurückzublicken, wie zuvor Joseph Roesberg im «Karusselchesleed».

Der Karneval steuerte nach 1880 in immer großstädtischeres Fahrwasser, verlor viel von der ihn vorher auszeichnenden Intimität des persönlichen Miteinander. Wieder Entpersönlichung, wie anderswo, und Entlokalisierung. Allerlei, Einerlei, auf Nivellierung lief es hinaus. Varieté und Kabarett überlagerten den Zauber von ursprünglich Gewachsenem, drängten es zur Seite. Präsident Peter Prior amtierte unter der Parole «Von Zoten frei die Narretei». Militärisches Gehabe war allen Ernstes da und pomphaftes Getöse. Josef Wingender, Präsident der «Großen Kölner Karnevalsgesellschaft», stand mitten darin – bis zum Jahre 1921.

«Gesellschaft» – das war und ist bis heute in Köln nicht nur Karnevalistisches. Im Jahrzehnt vor Ausbruch des Ersten Weltkrieges verband man damit nicht minder den Namen des Kommerzienrates Johannes Fastenrath. Auf ihn gehen die «Kölner Blumenspiele» zurück. Sie sollten, nach dem Vorbild der Troubadoure, «den edlen Ehrgeiz der Dichter anfeuern und den Sinn für Poesie und Dichtkunst in breiten Schichten des Volkes wecken als ein wohltätiges Gegengewicht gegen Versumpfung und Materialismus». Schöne Worte, fürwahr, und vielleicht sogar zeitgemäß.

Fastenrath war Schüler des Kölner Friedrich-Wilhelm-Gymnasiums gewesen und Oskar Jäger dort sein Zeus; auch eine jener über die Jahrhundertwende hinaus markanten Figuren. Jäger versuchte sich als Schulreformer, verfaßte eine damals viel gelesene Weltgeschichte. 1882 zum Vorsitzenden der Nationalliberalen Partei gewählt, verfocht er lebenslang Bismarcks Reichspolitik. Wider die «Ultramontanen» zog er zu Feld, ein beliebter Slogan aus den Tagen des Kulturkampfes.

Johann Fastenrath erwies ihm bedingten Respekt. Vielleicht entstanden die «Blumenspiele» in gegenseitigem Gedankenaustausch. Man kann heute darüber lachen und den Hofrat einen schrulligen Phantasten heißen. Das Komische wurde mitgemacht, belohnt durch einen prachtvollen Pokal von der Hand des Hofgoldschmiedes Hermeling. Fastenrath wies die Gabe von sich. Aus eigener Tasche gab er statt dessen 10000 Goldmark für seine Idee. Die «Blumenkönigin» gehörte vielfach dem Adel an. Vom Kaiserhaus trafen Ehrengeschenke ein, als Preise wurden sie weitergereicht. Das «Goldene Veilchen», die «Goldene Kornblume» und was der Verrücktheiten mehr waren.

Die Exklusivität der Veranstaltung hätte eigentlich «Kölsch» als Thema nicht zulassen dürfen. Die Muttersprache war besser im Stockpuppentheater der Witwe Klotz, dem «Kölner Hänneschen» oder bei Millowitschs aufgehoben. Beide Theater schlugen sich recht, meistens jedoch kümmerlich durch, bis die Zeitströmung ganz entschieden für sie und das Heimatliche Partei ergriff. Sogar der Oberbürgermeister Max Wallraf wollte nicht fehlen, sondern fördernd tätig sein bei der Gründung des «Kölnischen Geschichtsvereins» (1907), des «Heimatverein Alt Köln» (1902).

So kam das Lied in Kölner Mundart 1908 aufs Programm der «Blumenspiele» und wurde mit der goldenen Fastenrath-Medaille bedacht. Und Willi Ostermann errang die Trophäe. Sein «Däm Schmitz sing Frau eß durchgebrannt» (1907) und (im darauffolgenden Jahr) «Wer hätt dat vun dr Tant gedaach» machten ihn über Nacht berühmt.

Des Kölners «Nationalhymne» blieb Ostermanns «Heimweh nach Köln», voller Schmelz und Rührseligkeit. Als das Lied seine Wirkung tat, war alles anders geworden, die Welt aus den Fugen geraten, fratzenhaft verunstaltet, die Stadt eine Trümmerlandschaft. Die Wirklichkeit des Unfaßbaren, Unglaublichen war erreicht. Der Vorhang hatte sich endgültig vor einem Theaterstück gesenkt, das auch zwischen 1850 und 1920 gespielt worden war. Nur ahnten dies wenige. Und die es nicht wußten, sind Zuschauer, Zeugen, Mitwirkende einer weithin glücklich-zufriedenen Epoche gewesen. Allem Anschein nach und auf den ersten Blick wenigstens.

Das Geburtshaus von Jakob Ignaz Hittorf am Heumarkt (drittes Haus von links). – Als Wohnhaus der Familie Hittorf wird es von dem am 20. August 1792 geborenen Jakob Ignaz selbst bezeichnet. Der Vater Franz («Blechschläger und thut in Blech- und Eisendraht») wird im Adreßbuch der Franzosenzeit als Eigentümer genannt. Ein schmales hochgezogenes Haus, bescheiden im rheinischen Louis-Seize-Stil dekoriert; es trug damals, bei durchgehender Zählweise, die Nummer 1055. Hittorf entwarf als Steinmetzlehrling die als «non plus ultra» (Weyden) bewunderte Fassade eines Hauses auf der Kölner Schildergasse. Als Architekt gehörte er einer Generation an, die zwar schon in den neuen Dimensionen der industriellen Revolution dachte, aber dennoch bestimmten, den technischen Fortschritt eher verdeckenden, ästhetischen Traditionen verpflichtet blieb. Der Heumarkt mit dem Turm der Kirche Klein St. Martin im Hintergrund war um 1880 noch eine Idylle. Bald wird – auch hier – vieles in Bewegung geraten. – Photo: Um 1880.

Das Kölner Rheinufer, von Deutz gesehen. – Bereits in den Tagen Kaiser Konstantins um 310 n. Chr. besaß Köln eine Rheinbrücke. Während der folgenden Jahrhunderte wurde aus Sicherheitsgründen auf Brücken verzichtet. Erst unter der Herrschaft Preußens kam es 1822 zum Bau der «Schiffbrücke». Für Passanten insofern sehr unbequem, als bei der Durchfahrt von Schiffen die Pontons eingeholt werden mußten. Die «Hängebrücke» an gleicher Stelle (1915) löste die «Schiffbrücke» ab. Am Kölner Ufer entwickelte sich ein Hotelviertel mit dem «Königlichen Hof», dem «Kölnischen Hof» oder dem «Hof von Holland» (linke Häuserzeile), «sehr angenehm gelegen am Ufer des Rheins», wie die Werbung verhieß. Als seit 1853 der neue «Centralbahnhof» die Reisenden an sich zog, verloren die vornehmen Etablissements am Rheinufer ihre Bedeutung. Über die Dächer der Kölner Altstadt ragt der Turm von Klein St. Martin, ehedem Kaufmannskirche, wie diese Stadtregion ja überhaupt lange der Kaufmannschaft diente. Weiter rechts der «Gürzenich», das mittelalterliche Stapelhaus, dessen oberer Festsaal manchen Kaiserbesuch sah. Dahinter ist einer der Rundtürme von St. Aposteln zu sehen. – Photo: Um 1850.

Der Kölner Rheinprospekt um 1855. – Ungewohnt ist der Blick auf den Dom im Bau (Beginn des Weiterbaus 1842). Auch Groß St. Martin ist in seiner Turmpartie noch nicht komplett. Ganz links der Rathausturm, rechts außen die ehemalige Jesuitenkirche St. Maria Himmelfahrt. In der Bildmitte das alte Fisch- und Schlachtkaufhaus. Links davon in fast aufdringlicher Neugotik das von Johann Peter Weyer in den Jahren 1836 bis 1838 erbaute «Haus Ahren». Vor allem Zucker und Champagner wurden hier deponiert. Rechts, unter der Domsilhouette das sogenannte «Bollwerk» (Johann Pasqualini, 1605). Mit dem Ausbau der Rheinstraße unter Stadtbaumeister Stübben fielen «Bollwerk» und «Haus Ahren». Köln erhielt damals die uns noch heute geläufige Panorama-Ansicht mit der «Frankenwerft». – Photo: Um 1855.

Der Dom von Westen. – Die Einrüstung der Türme des Kölner Domes seit 1863 feierten Zeitgenossen wie Nachfahren als technische Glanzleistung, ja als «Wunder». Die zu Beginn des 19. Jahrhunderts wiederentdeckten Aufrisse von 1315 erleichterten die Aufgabe des Architekten in seiner Verpflichtung zur Originaltreue. Finanzielle Nöte und Kriegsgeschehen – 1866 und 1870/71 wurden zahlreiche Werkleute zum Heeresdienst gezogen – behinderten aber den Fortbau immer wieder. Die 1864 vom Dombauverein erstmals veranstaltete Dombaulotterie sollte dem abhelfen. Anselm Schmitz, wie vor ihm Johann Franz Michiels (seit 1853) oder Theodor Creifelds (seit 1859) und die Brüder Schönscheidt (seit 1862), begleitete die Arbeiten an den Domtürmen als Photograph; eine damals noch seltene Dokumentation des Zeitgeschehens. Sie trug Michiels mit seinem Kölner Domalbum auf der Pariser Weltausstellung 1855 eine Medaille «Erster Klasse» ein. Auf diesem Photo ist der Südturm schon bis zum Helmansatz gediehen, der Nordturm bis zu den Fensterkapitellen des Oktogongeschosses. Die Hundert-Meter-Marke war erreicht. Die erste Steinschicht der schrägen Turmhelme konnte gefügt werden. – Photo: Anselm Schmitz, 1876.

Die Dombauleute: Zimmerleute beim Abrüsten der Turmhelme in luftiger Höhe – mit 156 Metern war der Dom das damals höchste Bauwerk der Welt. Der Gerüstbau war ein kühnes Unternehmen gewesen, er war so hoch wie niemals zuvor an irgendeinem anderen Bauwerk der Erde. Trotzdem kam es zu keinem Unfall. Am 23. Juli 1880, sechs Uhr nachmittags, war der Nordturm vollendet. Der sieben Zentimeter niedrigere Südturm wurde am 14. August (bis auf den Schlußstein der Kreuzblume) fertig. Als dieses Photo entstand, waren die festlichen Tage der Domvollendung (15. Oktober 1880) schon vorüber. Allmählich konnte die Belegschaft der Dombauhütte verringert werden. Zeitweise waren mehr als siebenhundert Menschen am Dombau tätig gewesen. Den «Werkgesellen» am Dom dichtete schon Busso von Hagen 1843 sein «Dombaugesellenlied». Franz Derckum hat es komponiert. Bis zum heutigen Tag blieb es in der Dombauhütte lebendig. – Photo: 1881.

Die Kreuzblume auf dem Nordturm des Domes im Frühjahr 1881. – Das Baugerüst reichte bis in die Höhe der Kreuzblumen. Die des Südturms nahm 1880 den Schlußstein des Dombaus auf, mit Fahnen und Wimpeln festlich dekoriert, von Girlanden in den Farben des Reiches geschmückt. Den baldachinartigen Aufbau zierte die Kaiserkrone. Dieses Photo vermittelt eine Vorstellung von der Größe des technischen Apparats, der nötig wurde, um die gewaltige Baumasse zu bewältigen. Seit 1869 war übrigens eine Dampfmaschine auf dem zweiten Obergeschoß des Nordturms installiert. Die Verständigung zwischen Heizer und Maschinist ermöglichte ein «Sprechrohr». Auf die Gerüstbohlen waren Schienen montiert. Mit schweren Wagen transportierte man die Steine – vor allem Sandstein, der von Obernkirchen bei Hannover herangeschafft wurde. – Photo: 1881.

Das kaiserliche Festzelt bei der Feier zur Domvollendung am 15. Oktober 1880. – Der Photograph Anselm Schmitz arbeitete mit einem Plattenapparat, als er dieses Bild von einer Domgalerie aus aufnahm. Gerade war der letzte Stein in die Kreuzblume des Südturms vermauert worden. Kaiser Wilhelm I. verliest vor dem Festzelt am «Domhof», assistiert von Dombaumeister Richard Voigtel, die Vollendungsurkunde. Das Photo belegt, wie der Dom damals als «Nationaldenkmal» gefeiert wurde. Wegen des noch andauernden «Kulturkampfes» war die kirchliche Feier nur kurz. Anderntags zog durch die Kölner Straßen ein «Historischer Festzug», der die Gemüter lange beschäftigte und vielen als das eigentliche Ereignis im Gedächtnis blieb, zumal er im «Gürzenich» – von den Malern E. F. Roeber, A. Baur, W. Camphausen – verewigt wurde. – Photo: Anselm Schmitz, 1880.

Dom und Hauptbahnhofeinfahrt von Osten. – Links der 1322 vollendete Domchor, dem sich Querhaus und Turmwestfassade des 19. Jahrhunderts anschließen. Rechts die große Einfahrt der Bahnhofhalle und der 1894 im «Stilkarneval» des ausgehenden 19. Jahrhunderts erbaute Turm der Eingangshalle vom Bahnhofplatz her. Nach dem ausdrücklichen Willen des Königs Friedrich Wilhelm IV. sollte das liebste Kind der Zeit, die Eisenbahn, direkt auf den Chor des Domes zufahren, um den Reisenden «Gotik» und «Geist des Mittelalters» nahezubringen. Als 1894 der «Hauptpersonenbahnhof» den Betrieb aufnahm, stand noch die Gitterbrücke von 1859 (Mausefalle) mit ihren zinnenbekrönten Portalen (links und rechts am Bildrand) und zwei Reiterstandbildern. Die Eisenbahndämme waren 1891 hochgelegt worden. – Photo: Um 1900.

Der Hauptbahnhof. – Die photographische Gesamtansicht offenbart ein Architektur-Ungetüm, das bis zur Zerstörung im Zweiten Weltkrieg die Domregion weithin beherrschte. Von 1888 bis 1892 war der «Hauptpersonenbahnhof» – so die offizielle Bezeichnung – von dem Baumeister Georg Frentzen in einer Art italienischer Renaissance errichtet worden, im Gegensatz zum vorhergehenden «Centralbahnhof» in wohltuend klaren Formen des Klassizismus (1859 fertiggestellt). Die erweiterten Bahnanlagen wurden inzwischen bis auf fünfzig Meter an die Nordwestseite des Domes herangerückt. Der Bausubstanz des Domes sollten schon bald die schädlichen Abgase der Dampfmaschinen zu schaffen machen: ein denkmalpflegerisches Problem erster Ordnung. Als Attraktion galt das auf dem Inselbahnsteig des neuen Hauptpersonenbahnhofes installierte, «äußerst schmucke, coquette Wartesaalgebäude» (1910 abgebrochen) mit reichen, das Technisch-Funktionale kaschierenden «Frucht- und Blumenverzierungen». – Photo: 1908.

Der Wallrafplatz mit Blick in die Hohestraße. – In der Kölner City nach der Jahrhundertwende: links das von dem Architekten Karl Moritz – er baute 1902 auch das Kölner Opernhaus am Rudolphplatz/Habsburgerring – 1907 errichtete Stollwerckhaus, auf das zutrifft, was ein Stadtchronist 1915 niederschrieb: «In der ganzen Altstadt findet man diese Häuser mit ihren großen Fenstern, den klar umrissenen Silhouetten und leicht zu erfassenden Verhältnissen, welche ihre einfacheren und bescheidenen Brüder, die Wohnhäuser, verdrängen.» Für den Ort, an dem einst die Dompropstei (1830) mit dem schrulligen Ferdinand Franz Wallraf als Hausherr und Gebieter über unermeßliche Schätze des mittelalterlichen Köln stand, hatten die Bauräte Biercher und Weyer eine intime Platzanlage entworfen, eben den Wallrafplatz, von dem Ernst Weyden erzählt. Lange überschatteten die mächtigen Domtürme diesen Kölner «Fleck», vom Maler Carl Rüdell als Motiv fast impressionistisch erfaßt. Hier beginnt heute noch Kölns «Paradestraße» – die bereits von den Römern angelegte *via principalis:* die Hohestraße. – Photo: Um 1910.

Pferdemarkt auf dem Neumarkt. – Der Neumarkt, einer der wenigen «großen» Kölner Plätze, hat viele Gesichter gehabt und manche Aufgaben erfüllt. Mit der zweiten Stadterweiterung (1106) wird er Viehmarkt, und er ist es noch um 1880. Den Kölner Bürgermeister Johann Balthasar von Mülheim reizte er 1740 zur Neugestaltung. 1794 stellten die Franzosen ihren «Freiheitsbaum» auf den Platz. Und Napoleon wohnte im «Blankenheimer Hof» auf der Platz-Nordseite, benachbart dem «Richmodishaus» (Turm rechts), einem Kölner Patriziersitz mit schönem Treppenturm. Dort gab es zwei hölzerne Pferdeköpfe, die von der Sage um die scheintote Frau Richmodis berichteten. Der Baukomplex im klassizistischen Stil von 1835 ist als Geburtshaus des Komponisten Max Bruch (1838) überliefert. Dem «Richmodishaus» (rechts) schloß sich die preußische Infanteriekaserne an. Zu Kaisers Geburtstag war Paradeaufstellung auf dem Neumarkt. Alle diese Bauten verschwanden nach 1910. Im Westen akzentuiert bis heute die aus staufischer Zeit (um 1200) stammende Apostelnkirche mit ihrem berühmten «Trikonchos» den Neumarkt. – Photo: Um 1880.

Karnevalszug auf dem Neumarkt. – Nicht nur Militär-, auch Narrenparaden wurden auf dem Neumarkt seit 1823, dem Jahr der «Wiedergeburt des Helden der Freude» veranstaltet. Hier formierte sich der «Rosenmontagszug» bis zum Ausbruch des Zweiten Weltkrieges und hielt damit an einer Tradition fest, die in der Hektik der Großstadtentwicklung zeitweilig aufgegeben werden sollte. Julius Stübben nämlich brachte die Ringstraße als Aufstellplatz ins Gespräch. Höhepunkt des närrischen Heerwurmes: der Prinzenwagen. Er überragt alle anderen an Prunk, steht über dem Motto der «Session» als sich nicht wandelnde Repräsentation, das Zeitlos-Fortdauernde des Volksfestes vergegenwärtigend: «Prinz Karneval» im Sinne der Romantik Nachfahr der kaiserlichen Majestät. Erst die siebziger Jahre profanierten das Bild, machten aus dem «Helden» einen Märchenprinzen. Dem Motto des Jahres 1900 «Zwei Jahrtausende rheinischen Lebens» gemäß, thront Kaiser Trajan auf einer Art Triumphwagen vor antikisierter Bogenkulisse. Unten umgeben den Wagen Geharnischte: Geschichte im karnevalistischen Gewand. Als Modell galt der historische Festzug aus Anlaß der Domvollendung 1880. Im Hintergrund die Türme von St. Aposteln. – Photo: Um 1900.

Prunksitzung der Großen Kölner Karnevalsgesellschaft in der «Lese». – Das Vereins- und Gesellschaftsleben der Stadt des ausgehenden 19. wie des beginnenden 20. Jahrhunderts spielte sich zum Teil in prachtvoll gestalteten Räumen ab. Da gab es die 1863 gegründete «Bürgergesellschaft» am Appellhofplatz und das Haus der «Lesegesellschaft» an der Langgasse. Die «Lese» besaß ein solches Domizil seit 1878. Und hier auch feierte der Karneval Triumphe, vor allem in seinen «Sitzungen», die auch heute noch nach festgefügtem Ritual ablaufen: «Büttenrede» – «Lied-» oder «Krätzchessänger». Zwischendurch die «Aufzüge» der Korps oder ein Besuch des «Dreigestirns». Am Vorstandstisch der «Elferrat» mit dem Präsidenten. Man kommt maskiert, mindestens aber mit «jecker» Kopfbedeckung. Die Kölner Narrenkappe war übrigens eine Erfindung der Preußen und datiert aus dem Jahre 1828. Unter den Kölner «Büttenrednern» brillierte um 1880 Heinrich Maria Hoster (alias Antun Meis). Zu den unvergessenen Liedsängern zählte seit 1907 (Fastenrathmedaille 1908) Willi Ostermann. – Photo: 1892.

Das Dreigestirn im Kölner Karneval: Prinz, Bauer und Jungfrau. – Der Prinz im «Trifolium» der Kölner Fastnacht war eine Neuschöpfung des Jahres 1823. Als «Held Karneval» trat er im Kostüm eines Kaisers auf. Erst um 1870 wird er zum «Märchenprinzen», wie ihn dieses Photo zeigt. Links steht die «Kölner Jungfrau», häufig als Stadtmutter «Agrippina», doch vor allem als Symbol der von keinem Feind bezwungenen Reichsstadt interpretiert. Noch heute wird die «Jungfrau» von einem Mann dargestellt, dem uralt überlieferten männlichen Charakter des Volksfestes entsprechend. Rechts vom Prinzen der «Kölner Bauer», eine allegorische Figur, die Reichstreue, Wehrhaftigkeit personifiziert. Der «Kölner Bauer» vertritt im mittelalterlichen Verfassungsschema die Bauernschaft. So jedenfalls nach der ständischen Gliederung des «Quaternionensystems», das auf den Baseler Rechtslehrer Peter von Andlau (gestorben 1480) zurückgeht. – Photo: 1907.

Schiffsmarkt auf einem «Apfelschiff». – Zum kölnischen Alltagsleben gehörte seit dem 16. Jahrhundert die Marktschiffahrt auf dem Rhein. Sie verband regelmäßig als sogenannte «Beurtfahrt» viele Rheinorte untereinander. «Beurten» war die holländische Bezeichnung für Schiffergesellschaften, die nur eine bestimmte Zeit auf Ladung warten durften, um dem nächstfolgenden Schiff Platz zu machen. Der Kölner Chronist des 19. Jahrhunderts, Ernst Weyden, erzählt derlei mit Ausführlichkeit. Das Geschäft auf den Schiffen mußte also zügig abgewickelt werden, die kölschen Madammen mußten sich schnell entschließen. Großeinkauf wurde dabei bevorzugt. Die Äpfel stammten wohl vom «Vorgebirge», der Kölner Obst- und Gemüsegegend seit jeher. Auch die am Rhein gelegenen Orte Stammheim, Wiesdorf, Rheindorf und Hitorf lieferten frische Ware. Aus dem Bergischen Land kamen Obst, Holz und Vieh. Die Marktschiffe belieferten auch die seit 1904 in Rheinnähe (am Heumarkt) gelegene Großmarkthalle. – Photo: Um 1912.

Eisgang auf dem Rhein. – Eisgang, das bedeutete Einstellen der Schiffahrt, erhöhte Gefahr für die Brücken, die Häfen. Mächtige Schollen trieben auf dem Strom, prallten mit Getöse aufeinander und konnten bei entsprechenden Temperaturen eine geschlossene Eisdecke bilden, auf der man den Rhein überqueren konnte. Zur Katastrophe in Köln wurde der «schreckliche» Eisgang von 1784, bei dem es mit einsetzender Schmelze Häusereinstürze, Überschwemmungen und Tote gab. Das Photo zeigt den seit 1898 veränderten Kölner Prospekt. Hafen und Rheinstraße sind ausgebaut, das «Haus Ahren» ist bereits der Spitzhacke zum Opfer gefallen. – Photo: Um 1900.

Hafenansicht mit Dom. Blick vom Hafenturm nach Norden. – Am linken Bildrand der Dom, dessen Türme im Bau sind, nach rechts schließt sich Groß St. Martin an und weiter im Norden die hier das Stadtpanorama noch begrenzende Kirche St. Kunibert. Davor die «Gitterbrücke» (Mausefalle) von 1859. Auch die «Schiffbrücke» aus den Anfangsjahren preußischer Herrschaft (1822) ist zu erkennen. Ganz vorne die Lagerschuppen, die Anlegebrücken der Rheinschiffahrt, Marktschiffe und Personendampfer. Links davon öffnet sich das Werftviertel am Filzengraben; noch steht das mittelalterliche Rheingassentor. Am Rheinweg reihen sich die vornehmen Hotels aneinander. Nicht mehr lange sollte dieses vom «silbrigen Schimmer der alten Schieferdächer» geprägte Stadt-Idyll bestehen bleiben. Um die Jahrhundertwende war es nur noch Erinnerung. – Photo: Um 1870.

Die alte «Gitterbrücke», im Volksmund «Mausefalle». – Seit 1839 wuchs Köln zum Knotenpunkt für den Eisenbahnverkehr heran. Es gab private Gesellschaften, die den Bau neuer Strecken betrieben: 1835 die Rheinische, 1843 die Köln-Mindener und 1844 die Bergisch-Märkische. Die auf beiden Rheinseiten gelegenen Gleisbauten sollten so bald wie möglich durch eine feste Eisenbahnbrücke verbunden werden. Der Bau begann, als Friedrich Wilhelm IV. von Preußen am 3. Oktober 1855 den Grundstein zur ersten Kölner Eisenbahnbrücke legte. Die Kasten-Gitterkonstruktion der Brücke trug ihr im Volk den Spitznamen «Mausefalle» ein. 1856 wurde mit der uns heute umständlich anmutenden, für die damalige Zeit allerdings technisch sehr fortschrittlichen Einrüstung begonnen. Dreihundert Arbeiter und hundertfünfundsiebzig Zimmerleute waren beteiligt. 1859 war die Brücke betriebsbereit. – Photo: Um 1857.

Die Brückenrampe der «Mausefalle». – An der Auffahrt zur Brücke, die gleichermaßen dem Eisenbahn- wie dem Straßenverkehr diente, sieht man links und rechts die Kontrollhäuschen zur Entrichtung des «Brückenmännchen», worunter der Kölner den Betrag von zwei Pfennigen verstand. Rechts das «Hotel du Nord», lange eines der vornehmen Hotels in Nähe des «Centralbahnhofes». Wie der Rheinburgen-Romantik entnommen, wirkten auf beiden Ufern die zinnenbekrönten Portalanlagen, deren Mittelachse je ein Standbild zierte. Das Reiterdenkmal Friedrich Wilhelms IV. von Gustav Blaeser (Schüler Christian Rauchs in Berlin) stand linksrheinisch. Das Gegenstück stellte Kaiser Wilhelm I. dar und war eine Arbeit von Friedrich Drake, die auf der Pariser Weltausstellung 1867 Furore machte. Diese Monumente wurden 1863 beziehungsweise 1867 vollendet und 1911 an die Hohenzollernbrücke versetzt. – Photo: 1894.

Blick über die Altstadt zur «Gitterbrücke». – Im Vordergrund der Altermarkt, rechts die Zollstraße: historische Hausfassaden mit Treppen- und Volutengiebeln, korbbogig geschlossenen Kreuzfenstern, Kranbalken. Zum Teil gehören sie noch der romanisch-gotischen Profanbauweise an, oft mit vorkragenden Obergeschossen, die auf Säulen gestellt sind. Im Innern überraschte häufig die geradezu großbürgerlich-komfortable Ausstattung, vor allem des sogenannten «Saales». Das Ganze ist ein überaus dicht bebauter Wohnkomplex, der sich bis zum Rhein hinunter zieht, wo «Bollwerk» und «Fischkaufhaus» zu erkennen sind. Hinter der Gitterbrücke rauchende Schlote im rechtsrheinischen Industrievorort Kalk, der 1910 eingemeindet wurde. Weit schwingt das Strombett nach Osten, wo die Hügelkette des Bergischen Landes erscheint. Noch ist hier Mülheim selbständig, 1914 wird es zu Köln kommen. – Photo: Um 1880.

Der Buttermarkt. – In Straßen- und Platznamen lebt bis zum heutigen Tag das alte Kölner Kaufmannsviertel in Rheinnähe fort. Der Eisen-, Fisch- und auch der Buttermarkt sind Beispiele dafür. Um 950 kam die Rheinvorstadt als «Kaufmannswik» unter Erzbischof Bruno zum römischen Stadtareal. Immer mehr wird das Viertel ein Ort der Begegnung für die Kaufmannsschaft aus aller Herren Länder. Es blühte der «Stapel», der Handel zwischen Kaufmann und Handwerker. Auch die Grundstückspreise stiegen, weshalb die Hausfassaden schmal wurden und hoch aufschossen. Doch hinderte dies die Architekten nicht, sie prachtvoll zu gliedern, Schmuckelemente als profilierte Gesimse und geschnitzte Kranbalken an Speicherfenstern anzubringen. Auf diesem Photo ist davon nur wenig mehr zu sehen. Allmählich war es «heruntergekommen», das Viertel um Groß St. Martin (die Südkonche rechts im Bild). Es wurde abgerissen oder «saniert». Immer aber blieb hier ein Stück kölnischen Kolorits gegenwärtig, auch im Spiel des «Hänneschentheaters», das in diesem Stadtquartier unter Christoph Winters (1803) begann und noch heute am Eisenmarkt spielt. – Photo: Um 1900.

Auf dem Rothenberg. – Das Martinsviertel (im Hintergrund der mächtige Turm der ehemaligen Benediktiner-Abtei) hatte viele überraschende Durchblicke. Dicht stehen die schon ein wenig verfallenen Häuser beieinander. Madonnenbilder und Stadtpatrone zieren Ecken und Winkel. Die Mansardendächer schmücken herausragende Kranbalken, bisweilen in kurioser Delphin-Form, und nicht selten findet man Akanthusdekor als schönes Detail. Die Betriebsamkeit der reichen mittelalterlichen Kaufmannsstadt gehört längst der Geschichte an, die Zeit scheint hier still zu stehen. Die Maler Jakob und Wilhelm Scheiner hielten die Atmosphäre dieses Quartiers um die Jahrhundertwende in ihren Aquarellen fest, als Vorlagen benutzten sie Photographien. – Photo: Um 1900.

Der Heumarkt vor 1900. – Dieses Photo zeigt die Westseite des Heumarktes und den sie überragenden Turmhelm von Klein St. Martin. Die Häuserfassaden sind auch hier schön, fast klassisch gegliedert und oft mit steil aufragenden Doppelgiebeln und dem Kranbalken für die «Speicherware» geziert. Nur auf den ersten Blick ist es ein für Köln als Bürgerstadt ungewöhnlich großer Platz, denn der Markt- und Kaufmannsbetrieb zwang zu großräumigem Denken. Es gab Ansätze, den 1047 entstandenen Heumarkt zu beleben: 1817 wurden Bäume gepflanzt, von denen allerdings auf diesem Photo nichts mehr zu sehen ist. Das Denkmal Friedrich Wilhelms III. setzte seit dem 26. September 1878 einen repräsentativen Akzent. Der Bildhauer Gustav Blaeser hat es als ein Kunstwerk von hohem Rang geschaffen. In «feierlicher, stolzer Haltung» reitet der Monarch daher, am Sockel von Staatsmännern und Feldherren umgeben. Auf den Heumarkt hat dies alles wenig gewirkt. Er blieb weiter Marktflecken mit fast ländlichem Einschlag, Tummelplatz der spielenden Kinder, der «Ringroller», der Marktfrauen. – Photo: Vor 1900.

Säuglingsfürsorge um 1920. – Der verlorene Krieg und die folglich anhaltenden Ernährungsschwierigkeiten mußten nicht zuletzt werdende Mütter und Säuglinge treffen. Die Stadt richtete darum «Säuglingsberatungsstellen» sowie eine «Säuglingsmilchanstalt» (seit 1920) ein. Das Stadtgebiet wurde in Fürsorgebezirke mit sechs beamteten Ärzten eingeteilt. In den «Säuglingsberatungsstellen», häufig Krankenanstalten angeschlossen, sorgten Kinderärzte und vor allem geistliches Pflegepersonal für Hilfesuchende. In der allgemeinen Gesundheitsfürsorge genoß Köln seit der Jahrhundertwende einen hervorragenden Ruf, der mit dem Namen des Beigeordneten Professor Krautwig verbunden ist. – Photo: Um 1920.

Fronleichnamsprozession. – «Es flattern die Kirchenfahnen, / Es singt im Kirchenton; / Das ist zu Köllen am Rheine, / Da geht die Prozession», dichtete Heinrich Heine. Gemeint war der feierliche Umzug mit dem Allerheiligsten unter goldbesticktem, brokatenen Traghimmel. Viel kirchlicher Pomp wird auch sonst aufgeboten: prachtvolle Paramente, prunkvolle Laternen; Weihrauch hängt in der Luft. Die «große» Prozession zieht alljährlich am Fronleichnamstage vom Dom aus (zwischen 1264 und 1277 erstmals überliefert). Anders die kleinen Pfarrprozessionen im kölschen «Veedel». Man baut «Altärchen» in Fensternischen oder Hauseingänge, ziert die Straßen mit Fahnen und Girlanden. Am Sakramentsumzug nehmen, Blumen streuend, auch die «Engelchen», weißgekleidete Kommunikantinnen, teil. Der religiösen Feier folgt nachmittags die «Kirmes», das deftige Kölner Volksfest: Tische und Bänke werden auf die Straße gerückt, Musikanten spielen auf – man findet geradezu Breughelsche Bilder. Prozession und Kirmes sind hohe Festtage im kölnischen Leben. – Photo: Um 1910.

Wohlfahrtsfürsorge. – Das Kölner Fürsorgeamt, im Ersten Weltkrieg gegründet, stand vor fast unlösbaren Problemen, als ab November 1918 die Kriegsteilnehmer, Invaliden und Witwen betreut werden mußten. Es galt, die Folgen der beginnenden Inflation, des um sich greifenden Elends in Grenzen zu halten. Die englische Besatzungsmacht duldete nicht das Tragen von ausgedienten Uniformen, es mußte also auch hier Abhilfe geschaffen werden. Die «Kleiderausgabe» (im Bild) in verschiedenen Stadtteilen sollte die Armut großer Bevölkerungsteile durch die Vergabe verbilligter Textilien lindern. – Photo: Um 1920.

Richartzstraße, Hausnummer 2 bis 10. – Diese Straße erinnert an Johann Heinrich Richartz (1765–1861), der, als Häutegroßhändler zu Reichtum gekommen, 200000 Taler für den Bau eines Museums stiftete. Die mit Blick nach Osten photographierte Wohn- und Geschäftshauszeile zeigt zum Teil den aufwendigen Repräsentationsstil, wie er auch sonst im Köln des ausgehenden 19. Jahrhunderts üblich war. Das Geschäftshaus am rechten Bildrand wurde zum 1. Februar 1898 eröffnet («Schuhwarenhaus Speier», mit preiswerten Angeboten für die «kleinen Leute»). Die Düsseldorfer Königlichen Bauräte Kayser und von Groszheim entwarfen die Fassade. Wohltuend sparsam sind gotische Stilelemente an Eingängen und am Erker verwendet. Fast glatte Flächen werden von leicht profilierten Gesimsen gegliedert. Vorsichtig kündigt sich ein neues Dekorationsgefühl an. – Photo: Um 1900.

Am Hof, mit alter Pumpe. – In dieser Straße lag vordem der Wohnkomplex für die Domherren. Seit der Mitte des 19. Jahrhunderts grassierte hier das Abbruchsfieber. Ihm fiel auch das Haus Nummer 28 zum Opfer – ehedem Anwesen des Jasper de Wedige (um 1580). Es besaß einen doppelten Stufengiebel und im Hintergebäude eine hübsche Hauskapelle. In der Bildmitte eine malerische Hausgruppe, die 1908 Neubauten weichen mußte. Die bekannte Kölner Musikalienhandlung Tonger (ganz links) versuchte sich mit überladener Fassade, die Türfront prahlerisch drapiert, ins rechte Licht zu rücken. Altes und Neues stoßen hart aufeinander, der Wandel des Zeitgeschmacks ist unübersehbar. Die altertümliche Pumpe – sie existiert noch heute – ist ein Anachronismus und, vielleicht, Anlaß historischer Rückbesinnung. – Photo: 1902.

Am Bollwerk, Ecke Große Neugasse: Gastwirtschaft «Em Zuckerpuckel». – Die Kölner Altstadt kannte zahlreiche Häuser mit seltsam klingenden Bezeichnungen. Sie atmeten kölnische Gemütlichkeit, bisweilen steckte auch «Grielächerei», die Lust zu Spott und Schalk, dahinter. Am Bollwerk 17 lag der «Zuckerpuckel». Das beschauliche Giebelhaus trug in Mauerankern die Jahreszahl 1651. Im Stil des Rokoko waren Tür und Oberlicht gestaltet. Aus der Mitte des 18. Jahrhunderts stammte die steinerne Madonnenfigur am Eck (rechts im Bild). «Modern» wirken hier nur die Gaslaternen, 1895 installiert. – Photo: Um 1900.

Der «Römerturm» in der Zeughausstraße. – Köln, das römische Colonia Claudia Ara Agrippinensis, besaß seit dem Jahre 50 n. Chr. die größte antike Fortifikation nördlich der Alpen. Sie umschloß einen Quadratkilometer Wohngebiet und bildet bis heute den «ewigen Grundriß» der Stadt. Teile dieser Römermauer blieben im modernen Stadtbild erhalten. So der «Römerturm» den der Photograph Bardenhewer aufnahm, ehe die Zutaten des frühen 19. Jahrhunderts beseitigt wurden. Nach der Säkularisierung des benachbarten «Klarenklosters» (1803) war der «Römerturm» Teil einer Sammetmanufaktur, dann einer Papierfabrik. Im Untergeschoß des Turmkolosses ist deutlich das originale Mauerwerk zu erkennen. Der römische Baumeister hatte Sinn für Ästhetik. In den schweren Grauwackestein komponierte er aus Ziegel- und Kalkmaterial geometrisches Dekor, auch den Portikus eines Tempels. – Photo: Bardenhewer, 1897.

Hohenzollernring, Ecke Limburgerstraße mit dem Roekkerathschen Mietshaus (links). – Julius Stübben war aus dem Wettbewerb um die vierte Stadterweiterung als Sieger hervorgegangen. Nach Abbruch der mittelalterlichen Mauer (ab 1881), legte sich in weitem Halbkreis um die Stadt der «Ring», ein Boulevard (so jedenfalls geplant) mit vornehmen Wohnvierteln. Der «Stilkarneval» feierte wahre Triumphe in einer geradezu aufgetürmten Architektur, wie im Bild zu erkennen. Turm und Türmchen waren bevorzugte Elemente der Dachzonen, die Fassaden neoromanisch, neogotisch oder auch in der Manier des «zweiten Barock» gestaltet. Der Historismus dominierte, auch in der Mischung von Stilformen. Gärtnerische Anlagen, Brunnen, Denkmäler schmückten den breiten Straßenzug der «Ringe», die nach deutschen Kaisergeschlechtern oder großen Epochen der Stadtgeschichte benannt wurden. – Photo: Um 1890.

Bekleidungshaus Gustav Cords auf der Hohestraße. – Die Düsseldorfer Architekten Kayser und von Groszheim waren um die Jahrhundertwende bei der Kölner Geschäftswelt *en vogue*. Für das bekannte Kölner Textilhaus Gustav Cords schufen sie auf der Hohestraße eine in neugotischem Stil gestaltete Schaufensterfront: Pässe, Fialen, Krabben, Kreuzblumen, Maß- und Rankenwerk sind zum schmückenden Beiwerk geworden. Es ist das Architekturvokabular, wie es mit dem Weiterbau des Domes (1842) seine Nachahmer fand, wenn auch überladen und profaniert als «Gußeisengotik.» – Photo: Vor 1900.

Das Zigarrengeschäft Feinhals auf der Hohestraße. – Joseph Feinhals gründete am 15. September 1861 in Köln eine Tabak- und Zigarrenfabrik. Der Name war seitdem ein Begriff, sein Laden im «spanischen Kolonialstil» eine Attraktion auf der Hohestraße (Hausnummer 63, Ecke Schildergasse). Brasil, Sumatra, vor allem aber Havannas wurden wie Wein in klimatisierten Kellern gepflegt, dem Publikum in illustrierten Katalogen schmackhaft gemacht. Es war eine wahre Lust, sich im eigentümlichen Klima dieses Geschäftes mit hunderten auserlesener Tabaksorten auf den Regalen von Fachleuten beraten zu lassen. Der würzige Duft einer dem Käufer noch weithin unbekannten Welt erfüllte die Luft. Das Ambiente hatte durchaus etwas Exotisches an sich und mancher Besucher steckte nur den Kopf zur Tür herein, um davon einiges mitzubekommen. Dies blieb auch so, als Joseph Feinhals jun. das Unternehmen 1907 modernisierte. Die Werbung nicht ausgenommen. Sie vor allem öffnete ihm den Zugang zur «progressiven Kunst», die dann 1912 in der aufsehenerregenden Kölner «Sonderbund-Ausstellung» gezeigt wurde. Feinhals jun. war einer ihrer Initiatoren. Als Sammler ist er überhaupt weithin bekannt geworden. Sein kleines Museum hieß – wieder etwas Außergewöhnliches – «Collofineum Tabacologicum». – Photo: Um 1900.

Die «Preußische Infanterie-Kaserne 2» an der Richmodstraße (Ecke Streitzeuggasse). – Dieser glanzlose Kasernenhof läßt wenig von der Nähe eines der großen Stadtplätze Kölns, des Neumarkts, ahnen. An das schöne «Richmodishaus» mit dem polygonen Treppenturm – Typus des kölnischen Patriziersitzes – schloß sich seit 1818 eine Infanteriekaserne an, deren Schilderhaus auf der Neumarktseite stand. Die Infanteristen (65er) paradierten an nationalen Festtagen – vor allem an Kaisers Geburtstag auf dem Neumarkt. Die Richmodiskaserne mit dem benachbarten «Offizierskasino» hatte schon vor 1818 eine quasi-militärische Vergangenheit als «Schützenhof». In reichsstädtischen Tagen diente der Neumarkt den Schützengilden der Zünfte als Schießplatz. – Photo: 1895.

Die Schwimmhalle des Neptunbades in Köln-Ehrenfeld. – Nach der Jahrhundertwende setzte auch in Köln vehement die Sportbegeisterung ein. Sogar der Rosenmontagszug nahm sich des aktuell gewordenen Themas an. Man drängte nach draußen, fand Erholung beim Wandern, Fußballspiel, Tennis oder gymnastischen Übungen. Erste Sportwettkämpfe wurden ausgetragen, Medaillen gewonnen. Für «Wasserratten» gab es Rhein-Strandbäder, zum Beispiel in Rodenkirchen. Aber bald konnten die Kölner auch zur Winterszeit Badefreuden genießen. Das «Hohenstaufenbad» am Hohenstaufenring war schon 1886 im Zuge der Stadterweiterung entstanden. Als «Volksbadeanstalt» wurde 1912 das erste Vorort-Schwimmbad in Ehrenfeld eröffnet. Die überdachte und beheizte Schwimmhalle war von dem Architekten Kleefisch entworfen worden und erhielt den Namen «Neptunbad». Unten und auf der Galerie sieht man die um das Becken gruppierten Umkleidekabinen. Die Architektur benutzt immer noch tradierte Schmuckelemente, wenn auch das Funktionale zu überwiegen beginnt. – Photo: 1912.

Übung der Feuerwache Apostelnkloster. – Die Kölner Berufsfeuerwehr datiert aus dem Jahr 1872 und war Nachfolger eines «corps de pompiers», das der «Maire Kramer» anno 1801 gegründet hatte. Schon 1866 bestand am Apostelnkloster eine Feuerwache, allerdings nur zur Nachtzeit und insofern unzulänglich, als bei Alarm Fuhrmann und Pferde für die Wasserspritzen erst aus der Nachbarschaft geholt werden mußten. Die Feuerwache Apostelnkloster wurde als «Hauptfeuerwache» am 23. August 1882 besetzt. Mechanische Leitern (wie auf diesem Photo bei einer Übung zu sehen) erhielt die Feuerwehr 1886, eine erste Dampfspritze 1888. An der Hauswand üben Wehrmänner das Abseilen mit dem «Kölner Rettungssack». Im Vordergrund wird mit gummierten Hanfschläuchen und einer zweirädrigen «Wassertiene» hantiert. Die Feuerwache 1 (Apostelnkloster) war auch Hauptstelle für die Feuertelegraphen in der Neustadt. Sie arbeiteten als Morsefarbschreiber. Gußeiserne Feuermelder wurden 1886 aufgestellt. – Photo: Um 1900.

Der Rudolphplatz. – Noch hat Julius Stübben seine «Ringstraße» nicht vollendet. Zwischen den Häuserzeilen klaffen Lücken, die Platzanlage wirkt unbelebt, sozusagen «brandneu». Aber man erkennt auf diesem Photo, was ursprünglich geplant war: Großzügigkeit, Weite sollte vorherrschen. Wien stand Modell, auch Paris, die alten Residenzstädte mit ihrer «Platzverschwendung». Das mittelalterliche Hahnentor zeigt die bis 1881 geltende Stadtgrenze. Es ist eine der drei Torburgen, die erhalten blieben. Von ihrer einstigen Dominanz spürt der Betrachter so gut wie nichts mehr. Die neuen Wohn- und Geschäftskomplexe drängen das Alte beiseite. Auch die davor ausgebreiteten Gartenanlagen können diesen Eindruck nicht mindern. Zwischen Hahnentor (ganz rechts) und dem Straßenzug (links) im Hintergrund der vollendete Dom. Auf der gegenüberliegenden Platzseite wird 1902 das von Karl Moritz gebaute Opernhaus stehen. – Photo: Um 1900.

Kanalisationsarbeiten auf dem «Eigelstein». – Der Eigelstein ist die Fortsetzung der Hohestraße nach Norden. Auch eine alte römische Heerstraße, die einst durch einen Legionsadler (*aquila* wird zu «Eigel») markiert wurde. In reichsstädtischer Zeit war die Eigelsteingegend «Bauerbank»Viertel, 1391 auf Anordnung des Rates als Vereinigung der Gemüse- und Ackerbauern im Kunibertsprengel gegründet. Am Ende des Eigelstein kann man die Torburg der alten Stadtbefestigung erkennen. Die Häuserzeilen links wie rechts bieten zum Teil noch das alte Bild: Kranbalken, Speicherfenster, aufwendige Giebel und Erker. Darunter sind nun die Kanalisationsarbeiten in vollem Gang. 1888 wurde damit begonnen, nachdem man durch Jahrhunderte Schmutzwasser, Fäkalien und dergleichen durch die zum Rhein führenden «Goldgassen» fortschaffte. Köln besaß allerdings bereits zur Römerzeit eine intakte Kanalisation, deren Hauptsammler mehr als sieben Meter unter dem heutigen Straßenniveau erhalten blieb. – Photo: Um 1890.

Die Rheinische Glashütte in Köln-Ehrenfeld. – Glas wurde in Köln schon während der Römerzeit hergestellt. Die berühmten «Schlangenfadengläser», die «Diatretgläser» sind dafür eindrucksvolle Exempel. In Köln-Ehrenfeld, das durch die Verkehrslage begünstigt war, wird 1864 mit böhmischen Glasmachern eine Hütte in Betrieb genommen. Oskar Rauter war lange Chef des Unternehmens. Seine Ideen bringen der noch jungen Firma Aufträge und Weltruhm ein. Er läßt Museales nachahmen, etwa «Schlangenfadengläser», auch venetianische Pokale, vor allem aber Goldrubingläser. Die Fabrikanlagen wurden verschiedentlich erweitert, die «Rheinische Glashütten-Aktiengesellschaft Ehrenfeld bei Köln» wird gegründet. Das Photo zeigt die Fabrikbauten 1892. Hier fabrizierte man auch Preßglas *en masse*. Doch das eigentliche Aushängeschild der Firma, ihr Markenzeichen, blieben lange kunstvolle Glaserzeugnisse, wie «Römer» und diverse feingeschliffene Weingläser im «altdeutschen Style» (so der Verkaufskatalog anno 1886). – Photo: 1892.

Die Kristallschleiferei in der Rheinischen Glashütte. – Schnell spezialisierte sich die Ehrenfelder Glashütte auf das Schleifen von Kristall und errang damit beachtliche Erfolge. Als Beispiele der absoluten Beherrschung des Technischen sind geschliffene Gläser oder Pokale aus Ehrenfeld heute zu Museumsobjekten von Qualität geworden; auch zu Zeugnissen einer Epoche, die das Prunkvolle liebte und sich in der Nachschöpfung von Historischem gefiel. – Vor Wasserbottichen sitzen die Facharbeiter und halten prüfend gestielte Gläser über die Schleifscheibe. Aus Trichtern fällt Quarzsand auf eine Art Rutsche. Schleifscheiben unterschiedlicher Größe und Dicke hängen zum Auswechseln an den Wänden. Das Handwerkliche bleibt hier erhalten – im Gegensatz zur Massenware der meisten Industriebetriebe. – Photo: 1892.

Die Frankenwerft in der Hafengasse. – Ehe man 1898 die Rheinstraße und die neuen Hafenanlagen schuf, reihten sich im Schatten des preußischen Zollhauses und des von Johann Peter Weyer errichteten «Haus Ahren» die Lagerschuppen aneinander. In altväterlicher Manier wurde hier noch ent- und verladen, als die übrige Stadt längst im Prozeß einer totalen Veränderung stand. Das Photo macht mit den beginnenden Bauarbeiten deutlich, daß auch dem Hafenviertel bald die Stunde Null schlagen wird. – Photo: 1898.

Die «Kaiser Wilhelm» an der Mülheimer Landebrücke. – Im Kölner Volksmund gibt es seit langem die «Müllemer Böötchen». Sie kamen sogar in einem vielgesungenen und über die Stadtgrenze hinaus bekanntgewordenen Karnevalsschlager zu Ehren. «Lokalfahrten» nannte man den Schiffsverkehr zwischen Köln und Mülheim bereits im 17. Jahrhundert. Offiziell wurde die «Köln-Mülheimer-Dampfschiffahrt» im Oktober 1852 durch das Königliche Bürgermeisteramt Mülheim besiegelt. Das damals in Dienst gestellte Schaufelrad-Dampfboot stammte wahrscheinlich aus Frankreich. Es erhielt den Namen «Cöln-Mülheim». Später unterhielt die Reederei Christoph Musmacher allein die Lokalfahrten zu den Schönheiten des Bergischen Landes oder der Mülheimer Schiffsprozession. Dann wurde der Personenverkehr stark eingeschränkt und der Frachtverkehr aufgenommen. Die «Kaiser Wilhelm» zeigt den Typ jener Personen- und Frachtschiffe, die während der Jahre 1870 bis 1901 von Köln nach Mülheim fuhren. Dem Kölner waren sie Symbole unvergeßlicher Sonntags- und Feiertagsvergnügen zwischen Dom und Clemenskirche – ein Stück Rheinromantik besonderer Art. – Photo: Um 1900.

Der Friesenplatz. – Der «Ring» wurde als Boulevard ursprünglich von großzügig gestalteten Platzanlagen unterbrochen. Clodwig-, Barbarossa-, Rudolph- und Friesenplatz sind Beispiele dafür. Das Photo zeigt die Parzellierung am Friesenplatz zwischen 1881 und 1886. Schon sind die aus der «Neustadt» sternförmig zulaufenden Straßen erkennbar. Bauland dehnt sich nun weithin, wo vorher die «Promenade», der «Wall» entlangführten und jenseits davon die Felder kölnischer Kappesbauern begannen (im Bild rechts). Hier gab es eine Reihe renommierter Wein- und Gartenrestaurants, die zu Oster- oder Pfingstausflügen lockten und vielbesuchtes Erholungsgebiet der Stadtbevölkerung waren. Das alles sollte nun der Vergangenheit angehören, als hinter dem «Ring» bis zum Rayongürtel die Neustadt entstand. – Photo: 1881/1886.

Der «Kümpchenshof» in der Gereonsmühlengasse 30 (1886 niedergerissen). – Im Quartier der Stiftskirche St. Gereon lag bis zu den Tagen der Kölner Großstadt ein Hof mit Wohn- und Wirtschaftsgebäuden in einheimischer Backsteinbauweise – die alte Stadt besaß etliche, sehr malerische Höfe jener Art. Dieser hier war sogar als Weinzapf bekannt, wenn auch das Getränk, «ne suure Hungk» (saurer Hund), keinen allzu großen Genuß versprach. Das Photo überliefert eine ganz unwirklich gewordene Kölner Welt hinter der mittelalterlichen Mauer. In unmittelbarer Nachbarschaft stehen bereits die Mietshäuser und stuckgeschmückten Renommier-Fassaden des Kölner Großbürgertums am «Ring». Die Eigentümer des «Kümpchenshof» hatten keinen Schaden davon, sie konnten reich werden mit dem Verkauf ihrer Grundstücke. So dichtete Karl Wirts 1885: «De köllsche Kappesboore/Die han kein Arbeit mieh [mehr]/Zick [seitdem] durch die neu Stadtmoore [die Ringstraße nämlich]/Ehr Gähde [Gärten] sinn Futtüh [fort].» Mit dem «Kümpchenshof», schon 1395 erwähnt, später «Zum Hirsch» oder «Zum Hirschenskümpchen» genannt, verbindet die Sage den berühmten Reitergeneral des Dreißigjährigen Krieges Jan von Werth. Hier soll er als Knecht gearbeitet und unglücklich gefreit haben. – Photo: 1886.

HOTEL DU GRAND RHEINBERG

BANK WILH. SCHULZ
FRANZ SAUER
FRANZ SAUER
Jacobs
Hof-Apotheke. Heinr. Wrede.

Apotheke
Rudolph Sieger

Bis zur Fertigstellung des Neubaues befindet sich
die Verkaufsstelle des Schuhwarenlagers
von GOTTFRIED THELEN
im Hause Fischmarkt 1, Ecke Lintgasse

Klempner
Salzgasse

Delicatessen & Weine
Carl Lehmacher
Leinen-Handlung
W. Brückmann-E. Kettner
F.H. Rang

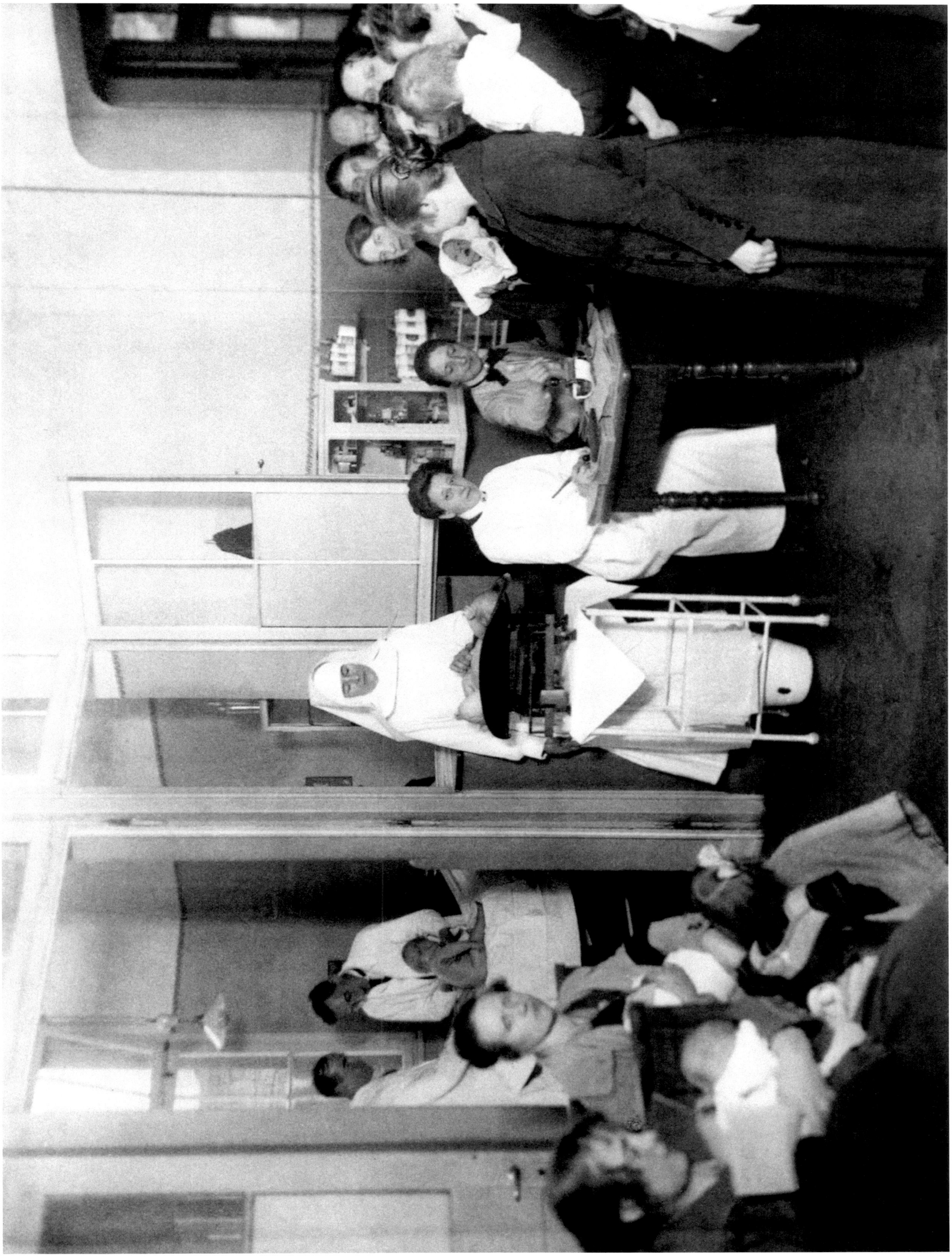

SPEIER
SPEIER
Speier's
Schuhwaarenhaus
Speier's
Schuhwaarenhaus

MÖB
Am Hof 28
36-34 Musikalien
Tonger.
32 Buchhandlung-Kölner Lehrmittel-Anstalt. 30
Turngeräte
Buchhandlung
HUGO INDERAU
A. J. TONGER
Landkarten
Tellurien
Sprachführer
Schulbücher,

GASTWIRTSCHAFT.
„Em Zuckerpuckel“
Restauration-Schenkwirtschaft.

Brau und Brennerei von Chr. Korff.
Echter Korn
Branntwein
TRESTER
Restauration
WEIN
BIER
Kaffee
Liqueur
Bouillon
kalte & warme
Speisen
TAGESZEIT

Gustav
CORDS

Butter-Eier-Kase
Seefischhandlung